# 国家软实力问题研究

GUOJIA RUANSHILI WENTI YANJIU

李家祥 著

高等教育出版社·北京

**图书在版编目（C I P）数据**

国家软实力问题研究 / 李家祥著. -- 北京 : 高等教育出版社，2016.9
ISBN 978-7-04-046241-8

Ⅰ. ①国… Ⅱ. ①李… Ⅲ. ①综合国力-研究-中国
Ⅳ. ①D6

中国版本图书馆 CIP 数据核字(2016)第 198221 号

策划编辑 孙海芳　责任编辑 孙海芳　封面设计 李卫青　版式设计 徐艳妮
责任校对 殷 然　责任印制 田 甜

| | | | |
|---|---|---|---|
| 出版发行 | 高等教育出版社 | 咨询电话 | 400-810-0598 |
| 社　　址 | 北京市西城区德外大街 4 号 | 网　　址 | http://www.hep.edu.cn |
| 邮政编码 | 100120 | | http://www.hep.com.cn |
| 印　　刷 | 北京嘉实印刷有限公司 | 网上订购 | http://www.hepmall.com.cn |
| | | | http://www.hepmall.com |
| 开　　本 | 787mm×960mm 1/16 | | http://www.hepmall.cn |
| 印　　张 | 12.75 | 版　　次 | 2016年 9月第 1 版 |
| 字　　数 | 200 千字 | 印　　次 | 2016年 9月第 1 次印刷 |
| 购书热线 | 010-58581118 | 定　　价 | 38.00 元 |

本书如有缺页、倒页、脱页等质量问题，请到所购图书销售部门联系调换

物 料 号 46241-00

# 目　录

# 导　言

自20世纪90年代美国哈佛大学教授约瑟夫·奈首次提出“软实力”这一概念以来，国家软实力已经成为21世纪备受关注的热门话题之一，也是专家学者研究的重要热点问题。

作为国家综合国力的重要组成部分，“国家软实力”特指一国在既有文化、制度资源基础上所形成的对本国民众和其他国际行为体的影响力、感召力、吸引力、协同力与整合力。国家软实力主要由文化软实力、科技软实力、制度软实力、意识形态吸引力、国民素质，以及对外软实力等要素构成。相对于国家硬实力而言，国家软实力的特征不仅表现在自身所具有的开放性和包容性以及其发挥作用的互动性、渗透性上，也表现在国家软实力建设的整体性、渐进性和易损性，以及国家软实力评估的主观性和不确定性上。

约瑟夫·奈提出软实力概念主要着眼于美国的外交权谋和国际战略，着重强调的是美国如何利用其软实力更好地向外辐射，以维护美国的全球霸权地位。我国使用这一概念，更多的是强调文化在提升国家软实力中的地位和作用。也就是说，我们现在所要提升的国家软实力，并不完全是约瑟夫·奈等西方学者把其作为一种新的国际政治理念所表述的国家软实力，而是要提升我们国家的文化软实力。在当前我国发展的内外环境发生了重大变化的情况下，中国更强调的是国家的文化软实力对中国未来发展的重要性以及如何提升国家文化软实力的问题。

在中国实现现代化的进程中，国家软实力的战略地位和作用日益凸显，国家软实力不仅是中国科学技术现代化的标志，也能为中国经济现代化、国防和军队现代化提供强大的科技支撑和智力支持，为中国政治现代化和国家治理体系的现代化提供坚实的制度支撑；而且，国家软实力建设还能直接促进人的现代化，为中国的现代化建设和国家治理能力的现代化提供强有力的人才支撑、精神动力和思想保证，成为凝聚和激励全国各族人民的重要力量，并为塑造中国未来世界现代化大国身份和负责任的大国形象起到积极的促进作用。在大力推进国家治理体系和治理能力现代化的今天，国家软实力建设与国家治理现代化更是高度契合。今后，要从国家软实力建设的视角来把握并找准推进国家治理体系和治理能力现代化的重点和着力点，探索既能提升国家软实力又能推进国家治理体系和治理能力现代化的途径和办法，不断推进我国社会主义现代化建设，完善国家治理体系，提升国家治理能力现代化。

道路、理论、制度、文化对中国未来的发展极为重要。党的十八大要求全党要坚定中国特色社会主义道路自信、理论自信、制度自信；在庆祝中国共产党成立95周年大会上，习近平总书记提出，坚持不忘初心，继续前进，就要坚持中国特色社会主义道路自信、理论自信、制度自信、文化自信。这“四个自信”与国家软实力有密切关系。坚定“四个自信”是确保社会主义事业健康发展的重要条件，不仅可以确保我国未来发展道路不会偏离社会主义方向，而且可以超越存在严重弊端的苏联社会主义模式，扭转苏东剧变给社会主义发展带来的不利局面；坚定“四个自信”还可以确保在与资本主义的比较竞争中凸显社会主义制度优势，并且为其他经济文化相对落后的国家探索符合自己国情发展道路提供重要借鉴；同时，坚定“四个自信”，可以在吸收借鉴古今中外优秀文化成果的基础上大力发展社会主义先进文化，不断推进中国特色社会主义文化大发展大繁荣。因此，坚定“四个自信”本身就是中国国家软实力的重要标志。中国特色社会主义事业是事关亿万中国人民自身福祉的伟大事业，不仅需要全体党员干部坚定“四个自信”，更需要广大人民群众坚定“四个自信”，使“四个自信”大众化。因此，要积极探索“四个自信”大众化的有效途径，把其作为提升国家软实力的一个重要抓手。

中国共产党领导的新时期最广泛的爱国统一战线，作为党执政兴国的重要法宝，由于其在政治、思想、文化、组织、社会、人才等方面所具有的深厚基础，对培育和提升国家软实力发挥着凝聚力量、维护稳定、发展民主、促进国家统一等方面的作用。面对当前我国前所未有的发展机遇和内外挑战，必须不断巩固和扩大统一战线，把统一战线作为培育和提升我国国家软实力的战略依托，加快推进国家软实力建设，形成与我国国际地位相称的国家软实力。

意识形态吸引力是国家软实力的重要组成部分，因而意识形态建设在提升国家软实力中具有十分重要的意义。然而，我国意识形态建设现状不容乐观，主要表现在：西方意识形态强力渗透致使我国国家意识形态安全问题突出，整个社会思想道德建设存在不容忽视的一些问题，大学生思想道德状况也不能令人满意。因此，必须加强国家意识形态软实力建设。思想政治教育是国家意识形态建设的重要途径，而大学校园是国家意识形态建设的主阵地，要把提高当代大学生思想政治素质作为国家意识形态建设的重要任务。为此，要对大学生进行理想信念教育和社会主义核心价值体系教育，使他们自觉践行社会主义核心价值观，有效抵御西方意识形态对我国大学生的渗透和冲击。针对当代大学生不同程度地存在着对马克思主义信仰迷茫的现状，需要找到有说服力的现实依据帮助他们牢固树立马克思主义信仰。思想政治理论课教师作为大学思想政治教育工作队伍的重要主体，要以自身的高尚师德、人格魅力、学识风范教育大学生、感染大学生，搞好思想政治理论课教学，不断提升他们的思想政治素质，为提升国家软实力打好人才基础。

总之，当今世界，全球化已经成为不可逆转的潮流，国与国在相互竞争中不断加强交流与合作，这种态势使软实力在国家发展中的战略地位越来越突出。在当前风云变幻的国际形势下，面对国内复杂繁重的改革发展任务，要使中国的社会主义现代化建设事业不断向前推进，只有把培养和提升我们国家的软实力上升到国家发展的战略层面，大力发展我们的国家软实力，才能不断增强我国人民的中国特色社会主义道路自信、理论自信、制度自信、文化自信，提升中国制度、文化、发展模式在国际、国内的影响力和吸引力，这也是我们面对如此严峻形势所必须认真做好的具有长远和全局意义的重要工作。

# 第一章　国家软实力理论探讨

## 第一节　相关概念的界定

### 一、国家实力

国家实力(National Power)是与国家软实力联系最直接的概念，也是研究国际政治和国际关系问题时必须进行明确界定并加以系统分析的核心概念。国家实力不仅是构成国际政治分析研究的起点和基础，也是衡量一个国家基本国情及其经济、政治、文化、军事、外交和科技等实力的综合性指标。

列宁认为，国家实力是指一国在整个经济、金融、军事等方面存在的实际力量或能力。他指出，“在资本主义制度下，瓜分势力范围、利益和殖民地等等，除了以瓜分者的实力，也就是以整个经济、金融、军事等等的实力为基础外，不可能设想有其他的根据。”① 当然，列宁对国家实力的界定是基于当时帝国主义列强在争霸世界过程中采取弱肉强食的政治逻辑为分析框架的，主要指资本主义国家在对外扩张中表现出来的物质方面的

---

① 《列宁选集》第2卷，人民出版社1995年版，第680页。

有形实力。

美国研究国际政治的著名学者雷伊·克莱因认为，国家实力是“一国之政府去影响他国政府去做本来不愿意为之的某一事情之能力，或是使他国不敢去做本来跃跃欲试的某一事情之能力，而不论其影响方式是利用说服、威胁，或明目张胆的诉诸武力。”① 虽然克莱因在界定国家实力时没有明确指出国家实力具体是什么，但从他对国家实力的界定和随后他在对国家综合实力的分析中不难看出，国家实力包含了物质力量和精神力量两个方面的内容，并在提升国力的过程中起着互不相同又相互促进的作用。

法国历史学家雷蒙·阿隆则认为，在国际舞台上，国家实力指国家这样的政治单位将自己的意志强加给其他政治单位的能力，并指出国家实力由国家所占据的空间、资源（包括物力和人力）和集体行动能力（涉及军备组织、社会结构和质量等）这三大基本要素构成。

地缘政治学家尼古拉斯·斯拜克曼则将国家实力归结为领土状况、边界特征、人口规模、原料多寡、经济与技术发展、财力、民族同质性、社会结合程度、政治稳定性、国民士气十个方面。

被视为现实主义大师的摩根索认为，国家实力由地理、自然资源、工业能力、军事准备、人口、国民特性、国民士气、外交质量和政府质量九方面要素构成，主张将国家实力作为国家推进其对外政策的基础。国际关系学者肯尼思·华尔兹则把国家实力定义为国家各种能力的分布。

从以上对国家实力的各种定义中，我们不难发现，虽然各国学者对国家实力这一概念尚未形成统一表述，但均普遍认为国家实力不只是单一的某种力量，而是各种力量的复合体，是实现国家战略目标的能力。至于这种国家能力的内涵具体包括哪些内容及其来源、不同国家实力要素如何相互配合发挥作用，以及国家利用其实力表现出来的国家行为或行为结果，不同学者则有不同表述，要么侧重点不同，要么见仁见智。要想对国家实力概念做出一个既比较全面又有利于研究的科学界定，就必须在总结各家研究的基础上，把握国家实力所包含的各种要素。有鉴于此，笔者将国家

---

① ［美］雷伊·克莱因：《80年代的世界国力趋势与美国对外政策》，台湾黎明文化事业股份有限公司1982年版，第6页。

实力定义为：一个国家运用全部资源通过有目的的行动实现其战略目标的能力。

从国家实力的定义来看，它包含了互不相同但相互关联的三方面内容：国家资源、资源转化及转化结果。其中，国家资源是指一国在一定时期内拥有的领土、人口、矿产、能源等基本资源，经济、军事、科技、金融、基础设施等物质要素，和文化、管理、制度、政策、思想、意志等各方面精神要素的总称。国家资源反映的是国家所拥有的已有的和潜在的能力，是国家发挥影响力、实现国家实力的基石。如果国家没有这些资源或资源有限，那么国家也就无实力可言。资源转化是指国家运用其资源的过程，包括运用的目标、运用的计划、运用的意志、运用的方式、运用的环境、运用的程度等。国家对资源运用的过程就是资源转化为能力的过程，表现为国家行为或行动。转化结果也就是国家运用资源达到的效果，指的是在将资源由潜在能力转化为现实能力的过程中，国家应当拥有的能力得到了增强、还是受到了削弱，抑或是正好同等程度地反映了国家应当拥有的能力。国家资源转化的结果不仅能体现资源运用所面临的内外环境和国家真正实力的大小，同时也能反映国家领导人的素质和政府的效能。在构成国家实力各要素中，资源是构成国家实力的基础和运用国家实力的依托；在资源相对稳定的条件下，能否对国家资源进行有效转化是决定国家实力大小和强弱的关键，而资源转化不仅取决于一个国家的社会政治制度和国家机构的健全程度及其政府的执政质量，也取决于该国政府能否敏锐把握及应对好其所处的国际体系和国际环境所提供的机遇与挑战。[①]

## 二、综合国力

相对于国家实力，综合国力是被普遍使用并被学者们着力加以研究的概念，也是直接包含着国家软实力而具有整体性和总括性的概念。

近代以前，为了实现国家战略目标，人们往往只强调某些国家力量尤其是军事力量和经济力量的重要性，把其看做衡量国家力量的重要标准。

---

① 孟亮：《大国策——通向大国之路的软实力》，人民出版社 2008 年版，第 7 页。

近代以后，随着一些世界强国国家战略目标的扩大和实现既定战略目标手段的增多，衡量国家力量的标准不再局限于某些特定的国家力量，如美国历史学家、战略家马汉在其著名的《海上力量对历史的影响(1660—1793)》一书中指出，谁能有效地控制海洋，谁就会成为世界强国。而能否取得制海权，主要取决于六项要素：地理位置、自然环境、领土、人口、民族素质和政府的政策与机制。[①] 现代以来，学者们开始更多地强调综合运用国家的各种力量来实现其国家政策所确定的战略目标，这就使得国家实力的概念从某些特定的因素扩展为多指标的综合因素。到 20 世纪 70 年代，国家实力的构成一般既强调领土、人口、资源以及经济和军事等物质要素的作用，又开始重视民族素质、文化传统、国家战略和政府政策等非物质因素的重要性。被视为美国现实主义大师的摩根索认为，国家实力是由九方面要素综合起来构成的，以此作为国家推进其对外政策的基础。美国结构现实主义国际政治学家肯尼思·华尔兹认为，国家必须运用它们的综合实力来维护自身利益，国家的经济实力、军事能力不能被分割开来加以衡量。国家并不因为它们在某一方面实力出众而成为一流强国，它们的地位取决于它们在如下所有方面的得分：人口、领土、资源、经济实力、军事实力、政治稳定及能力。[②]

美国乔治敦大学的战略与国际研究中心主任 R. S. 克莱因是较早系统研究综合国力的学者之一。他认为综合国力是一国强制另一国服从自己利益和意志的能力。他在 20 世纪 80 年代初对综合国力进行了系统的定量比较和分析，提出了测算综合国力的方程，并以此对世界上几个主要国家的综合国力进行了计算和排序。从克莱因的综合国力方程所参照的国力因子可以看出，他把综合国力分为包括人口、国土、经济实力、军事实力在内的物质力量和以国家战略目标以及追求国家战略的意志为主要内容的精神力量这两个大的方面，认为只有这两方面相互作用才能共同促进一国综合国力的提高。

在综合国力日益成为各国普遍关注的焦点和国际政治研究热点的情况

---

① [美]A. T. 马汉著，安常荣等译：《海上力量对历史的影响(1660—1793)》，解放军出版社 1998 年版，第 29—55 页。

② [美]肯尼思·华尔兹：《国际政治理论》，上海人民出版社 2003 年版，第 174—175 页。

下，我国国内的相关学者也开始关注和研究综合国力，其中对综合国力进行系统分析研究的是中国人民解放军军事科学院的黄硕风研究员，他认为，“综合国力是指一个主权国家生存与发展所拥有的全部实力——物质力和精神力及其对国际影响力的合力”①。为此他不仅提出了综合国力的动态方程，系统分析了构成综合国力各种因素，还对新中国的综合国力以及世界主要国家综合国力进行了国际比较。

从以上学者对综合国力的不同定义和理解看，综合国力与国家实力并没有本质上的区别，只是综合国力更多地强调国家实力的综合性和整体性。增强国家综合国力和国际竞争力，需要加强国家在方方面面的力量建设。有鉴于此，笔者将综合国力定义为：一个主权国家赖以生存与发展的全部实力及国际影响力的合力。

当今世界，国家之间的竞争越来越多地表现为综合国力的竞争。在我国改革开放和社会主义现代化建设过程中，我们党和国家领导人十分重视综合国力问题，对如何增强我国的综合国力给予了高度关注。江泽民在谈到我国加入世界贸易组织的重要性时指出：“在当今世界综合国力竞争日益激烈的情况下，掌握主动权越来越重要。……要在激烈的国际竞争中掌握主动，必须坚定不移地把我们自己的事情办好，不断增强我们的综合国力和国际竞争力。”② 胡锦涛指出，要有效应对来自国际国内的各种困难和挑战，提高我国抵御风险能力，就必须抓好发展这个党执政兴国的第一要务，不断提升我国的综合国力。③

## 三、国家软实力

通过以上对国内外学者在国家实力和综合国力方面的分析，可以看出，无论是国家实力还是综合国力，均是由物质形态和精神形态、或有形的和无形的两个方面所构成。综合国力作为一个主权国家赖以生存与发展

① 黄硕风：《综合国力论》，中国社会科学出版社 1992 年版，第 102 页。

② 《江泽民文选》第三卷，人民出版社 2006 年版，第 443 页。

③ 胡锦涛：《在全党深入学习实践科学发展观活动动员大会暨省部级主要领导干部专题研讨班上的讲话》，人民出版社 2009 年版，第 15 页。

所拥有的全部实力及国际影响力的合力，自然内在地包含着以有形的物质形态为特征的硬实力和以无形的精神形态为特征的软实力，综合国力是硬实力和软实力的有机统一。

虽然综合国力内在地包含硬实力和软实力，但最早提出软实力概念并对国家软实力进行系统分析研究的则是美国哈佛大学教授、国际政治学者约瑟夫·奈。他在1990年出版的《注定领导:变化中的美国力量的本质》一书及同年在美国《对外政策》杂志发表的题为《软实力》的文章中首次提出并阐述了软实力概念。根据约瑟夫·奈的说法，软实力是通过吸引和说服而非强迫别国服从你的目标从而得到自己想要的结果的能力。他认为国家实力不单纯取决于，甚至也不主要取决于物质层面的军事实力和经济实力，非物质层面的内容也同样是国家强大的关键要素。在《重新界定国家利益》一文中，他进一步指出，硬实力和软实力对于实现美国国家利益均至关重要并且有效地发挥着各自的作用，美国的文化及其价值观是美国软实力的重要源泉，在信息时代，软实力变得比以前更加引人注目。① 2002年，约瑟夫·奈在《美国霸权的悖论——为什么美国不能独断专行》一书中，再次集中探讨了软实力问题，对软实力概念作了进一步阐释："我说的软实力到底指什么呢？军事力量与经济力量都是有形的、能起到支配作用的力量，依靠这样的硬实力进行引诱（胡萝卜）或威胁（大棒）可以起到改变他人的立场的效果。除此之外还有一种间接使用力量的方法。在国际政治中，一个国家达到了它想达到的目的，可能是因为别的国家想追随它，崇尚它的价值观，以它为榜样，渴望达到它所达到的繁荣和开放程度。从这个意义上说，在国际政治中制定纲领计划和吸引其他国家，与通过威胁使用军事和经济手段迫使它们改变立场一样重要。这种力量——能让其他人做你想让他们做的事，我称之为软实力。"② 2009年，约瑟夫·奈接受《南风窗》杂志采访时提出，靠"硬实力"治理的模式，基本上已经被后工业化社会靠"软实力"治理的方式所取代，即设法吸引、激励、说服，而不是靠发号施令。

---

① ［美］约瑟夫·奈：《重新界定国家利益》，《外交》，1999年7~8月号。

② ［美］约瑟夫·奈：《美国霸权的悖论——为什么美国不能独断专行》，世界知识出版社2002年版，第9页。

从以上列举的有关约瑟夫·奈对软实力概念的界定和阐释中可以看出，约瑟夫·奈所说的软实力是一种能起到同化作用的无形力量，是一种能影响他人喜好从而达到自己预期目的的能力，是一种通过制定和实施适当的国家战略或外交政策以确保国家利益和在国际上的优势地位的能力。在约瑟夫·奈看来，国家软实力主要存在于三种资源中："文化（在能对他国产生吸引力的地方起作用）、政治价值观（当这个国家在国内外努力实践这些价值观时）及外交政策（当政策被认为合法且具有道德威信时）。"①

约瑟夫·奈对软实力概念的界定和研究，对于一个国家客观认识和评估本国在国际上的地位和发挥相应作用提供了新的视角，对于一个国家通过和平的、合作性的或能够被他国愿意接受的方式和手段在国际舞台上维护本国利益和扩大国际影响提供了富有建设性的建议，也为我们研究国家软实力提供了极具启发意义的参考价值和借鉴作用。但是，约瑟夫·奈对软实力的研究，其目的毕竟是为维护美国全球霸权利益服务的，不仅其研究的视角和价值取向并不完全适合中国，而且约瑟夫·奈对软实力概念的界定也有其明显的不足之处。比如，约瑟夫·奈关于软实力中所包含的"政治价值"和"对外政策"的阐释往往带有浓重的外交权谋和霸权色彩。中国学者在研究国家软实力问题时，更多地强调的是在提升国家综合国力的过程中如何更好地发挥软实力的作用。而且，在强调挖掘我国文化、价值观这些软实力资源的同时，中国学者也强调要挖掘隐藏在经济、军事、科技等这些国家硬实力背后的软要素的价值，并重视对国家软实力资源的运用，也就是软实力如何与国家硬实力资源有机结合以提升国家综合国力，同时也提倡通过扩大对外宣传和加强对外交流与合作等形式来提升我国的国际形象。

基于以上的认识和讨论，笔者将国家软实力的概念界定为："国家软实力"作为国家综合国力的重要组成部分，特指一国在既有文化、制度资源基础上所形成的对本国民众和其他国际行为体的影响力、感召力、吸引力、协同力与整合力。②

---

① ［美］约瑟夫·奈：《软实力：世界政治的制胜之道》，东方出版社 2005 年版，第 11 页。

② 国内外学者对国家软实力概念的界定，内涵差异较大。这里笔者采纳了黄金辉、丁忠毅所下的定义。参见黄金辉、丁忠毅：《中国国家软实力研究述评》，《社会科学》2010 年第 5 期。

在日趋激烈的综合国力竞争中，国家软实力的战略地位和作用日益凸显，越来越成为提升国家综合实力的关键要素。中国作为发展中的社会主义国家，在实现经济快速增长的同时，还必须把大力提升国家软实力作为一项重要而紧迫的战略任务抓紧抓好。

## 第二节 国家软实力的构成要素

按照约瑟夫·奈的界定，软实力主要包括三个方面的内容：一是文化的吸引力，二是制度的吸引力，三是掌握国际话语权的能力。从本质上看，约瑟夫·奈研究软实力是为维护美国全球霸权利益服务的。中国接受、认可和普遍使用“软实力”这一概念，应该摒弃其霸权主义的内涵，也就是说不能仅仅把软实力看作是外交手段、国际博弈的权谋和国际战略工具，而应在更宽泛的意义上来理解它、研究它、使用它，并赋予其更多的中国特色、中国内涵。倪世雄指出，软实力包括三个方面的要素：“价值标准，尤其是西方的自由、民主和人权；市场经济，特别是市场经济体制；西方文明、文化和宗教等的影响。”① 很显然，这一概括沿着约瑟夫·奈的逻辑进行了拓展，超出了其对软实力内涵的界定，增加了他的概念中所没有包含的制度因素——市场经济体制，从而把制度力纳入了约瑟夫·奈的软实力概念的框架之中。国内最早研究综合国力的学者之一黄硕风认为，软实力应包含政治力、文教力和外交力等三方面，属于综合国力的无形构成，这些软实力可以进一步细分为内部软实力，如制度创新、人力资源、文化辐射力、凝聚力与亲和力、高科技研发能力，以及外部软实力，如国家形象、国际机制的控制力、国际规则的创制力和国际义务的承担能力等。其中尤其以政治体制、核心价值观、国家认同和凝聚力等因素是国家软实力的关键因素，更是国家综合实力或国家竞争力极其重要的组成部分。② 阎学通对软实力作了更进一步的细分，他认为，软实力应由国际吸引力、国际动员力、国内动员力这三个二级要素和包括国家模式吸引力、文化吸引

① 倪世雄等：《当代西方国际关系理论》，复旦大学出版社 2001 年版，第 392—394 页。

② 黄硕风：《综合国力分析》，《中国军事科学》1989 年第 3 期。

力、战略友好关系、国际规则制定权、对社会上层的动员力、对社会下层的动员力等六个三级要素构成。[1] 百度百科将“国家软实力”概括为以下七个方面的内容：一是文化的吸引力和感染力；二是意识形态和政治价值观的吸引力；三是外交政策的道义和正当性；四是处理国家间关系时的亲和力；五是发展道路和制度模式的吸引力；六是对国际规范、国际标准和国际机制的导向、制定和控制能力；七是国际舆论对一国国际形象的赞赏和认可程度。

关于软实力的构成，学术界至今还没有一个统一而明确的说法。为了使对国家软实力的研究能够深入并且对国家软实力建设提出有借鉴意义的政策建议，我们仍然需要对国家软实力的构成要素进行进一步分析。综合约瑟夫·奈等中外学者们关于国家软实力的观点，我们将国家软实力的主要构成要素概括为以下几个方面：文化软实力、科技软实力、制度软实力、意识形态吸引力、国民素质和对外软实力。

## 一、文化软实力

文化是民族的血脉，是人民的精神家园。从全局和长远来看，文化软实力事关国家的强盛，民族的兴衰。事实也一再证明，强大的文化是民族赖以生存发展并取得国际竞争力的主要驱动力。近代以来，在以国家实力为基础的国际较量中，西方国家越来越注意运用文化的力量来为其战略目标服务，不断加大文化投入，强化其文化的扩张力和吸引力，使文化成为实现国家利益的重要工具。第二次世界大战以后，西方国家始终极力倡导“自由民主”的价值观，试图把西方文明变成一种适合于全世界的普世文明。当今时代，文化越来越成为民族凝聚力和创造力的源泉，成为一个国家综合竞争力的重要因素，成为社会经济发展的重要支撑。世界各国在制定其国家发展战略时，都将文化作为最重要的因素来研究和部署。国家的发展和强盛，民族的独立和振兴，人民的尊严和幸福都离不开强大的文化支撑。因此，中外所有研究软实力的学者无不把文化看成是一国软实力的

---

① 阎学通、徐进：《中美软实力》，《现代国际关系》2008 年第 1 期。

主要来源。约瑟夫·奈认为，一国的软实力首先来自于该国文化资源所产生的效力，即文化吸引力、同化力和说服力。在他看来，一个国家拥有普适性文化并建立了能控制国际社会、有自身文化特质的国际规则和制度才是关键性的国家软实力之源。[①] 笔者认为，文化软实力是指一个国家的文化资源及其在运用过程中所产生的作用力，也就是文化在维护国家利益、提升国家实力、实现国家战略目标中的能力，通常体现为一个国家文化的吸引力、同化力、辐射力和感召力。文化软实力是国家整体软实力的重要组成部分。提升国家软实力，首先就是要增强文化的吸引力和感染力。党的十七大把提升国家文化软实力上升到国家战略这一新高度，并纳入推动社会主义文化大繁荣大发展的整体战略中来部署。在全球化趋势下，如何把握机遇，迎接挑战，如何发展我们国家的文化软实力，如何使中华文化在世界文化的相互激荡中彰显出更强的影响力和吸引力，是一项具有战略意义的重要工作。国内研究软实力的权威专家张国祚认为，文化是软实力最根本的源泉。他指出，没有文化高度的软实力是短视的，没有文化深度的软实力是肤浅的，没有文化广度的软实力是狭隘的，没有文化开放的软实力是封闭的。文化在软实力中居于灵魂地位，发挥经纬作用。[②] 在人民思想文化需求日益增长的现实条件下，提升国家文化软实力正越来越成为当代中国建设与发展面临的重大理论问题和实践问题。

## 二、科技软实力

科技软实力是指国家以柔性方式运用全部科技资源，推动科技发展，提高国家整体软实力，实现国家战略目标的能力。[③]

科学技术是人类利用通过对客观规律的研究而得到的知识所形成的所有改造客观世界的手段和方法的总称。科学技术既包括以工具、设备、仪器等实物形态表现出来的硬件，也包括以知识、经验、运用工具、设备、

---

① Joseph S. Nye, Jr. "The Changing Nature of World Power." *Political Science Quarterly*, Vol. 105, No. 2, 1990, pp. 177—192.

② 张国祚：《对话“软实力”》，《光明日报》2012年7月10日第11版。

③ 班红娟：《科技软实力发挥作用的层次论析》，《云南社会科学》2012年第3期。

仪器的工艺技能以及科技研发能力等非实物形态表现出来的软件。科学技术在一个国家的经济和社会的发展中的作用越来越重要，科学技术不仅是国家硬实力的标志和提升国家硬实力的重要条件，也是国家软实力的重要组成部分和形成国家综合实力的重要驱动力。未来学家托夫勒指出，在支撑权力的支柱——暴力、财富、知识之中，知识日益产生着高质量的权力。约瑟夫·奈在他的研究中也得出了“知识就是权力”的判断，认为权力正从“资本密集型”向“知识密集型”转变。

科学技术的进步和普及，为人类提供了广播、电视、电影、录像、网络等传播思想文化的新手段。国家能更容易地通过影视、网络等传播手段改善国家形象和影响人们的信念，在潜移默化中使其国家软实力得到提升。同时，信息流引领技术流、资金流、人才流，信息资源日益成为重要生产要素和社会财富，因此，掌握信息的多寡在一定程度上就成为国家软实力和国家竞争力的重要标志。

当今世界，现代科技突飞猛进，科学技术特别是战略高技术正日益成为经济社会发展的决定性力量，成为综合国力竞争的焦点。为了在未来综合国力竞争中抢占制高点，无论发达国家还是新兴经济体，纷纷把推动科技进步和创新作为国家战略，大幅度提高科技投入，重视各类人才培养，加快科技成果转化和产业更新升级，以便为经济社会发展提供持久动力，并在国际竞争中争取更大主动权。

面对方兴未艾的新一轮科技革命和日益激烈的综合国力竞争，我国非常重视科技创新在提升综合国力中的作用。胡锦涛在2006年全国科技大会讲话中就提出了提高自主创新能力、建设创新型国家的总体目标。党的十七大进一步把提高自主创新能力、建设创新型国家作为国家发展战略的核心，把其看成提高综合国力的关键。党的十八大作出了实施创新驱动发展战略的重大部署，要求把科技创新和人才培养摆在关系到国家发展全局的核心位置。

### 三、制度软实力

制度软实力是指一个国家在制度方面所表现出来的吸引力和秩序性，

往往表现为该国的发展道路和制度模式的吸引力。因为，具有吸引力的发展模式和制度创新不仅能使一个国家在国际各领域竞争中居于领导者地位并成为其他国家仿效的对象，而且能在经济、政治、文化等方面获得极大的好处。从近代国际关系发展的历程来看，居于国际格局主导地位的国家往往是制度创新者，无论是早期的海上霸权国家西班牙、葡萄牙、荷兰，还是老牌资本主义国家英国，以及当代经济、军事实力最强的美国，它们在经济、社会、文化等各个领域都有制度创新的一面。

一个国家的制度是指掌握政权的统治阶级或政治集团为实现其统治而采取的治理方式、方法的总和，既包括政权组织形式在内的基本政治制度，也包括生产资料所有制关系在内的基本经济制度，以及建立在这些基本制度基础上的经济体制、政治体制、文化体制、社会体制等各项具体制度。

制度是国家长久发展的根本支撑和保障，是国家软实力的重要组成部分。在国家各种制度中，国家的基本政治制度如果能充分保障国民享有宪法赋予的各项民主权利，保证政府勤政为民，促进社会公平正义和国家长治久安，那么，这种政治制度的优越性及其政治价值观的先进性无疑具有令人信服的必然性、广泛性和包容性，可以转化为极强的制度力，进而形成对本国民众的感召力、协同力与整合力以及对其他国际行为体的影响力和吸引力，国家软实力因此得以提升；如果一个国家的基本经济制度能加快生产力发展，促进国家富强，确保人民普遍富裕幸福，那么，这种经济制度就可以从根本上代表一个国家全体国民的利益和愿望，转化为人们追求美好生活、建设强大国家的持久动力，从而保证国家在迅速提升硬实力的同时，国家软实力也能得以快速提升；如果一个国家能不断改进各项具体制度，使经济体制、政治体制、文化体制、社会体制等能适应生产力发展需要，不断克服各种僵化体制的弊端，就可以推动经济繁荣，改善民生，保证政府公正廉洁高效，提升国民素质，促进社会和谐稳定。比如，改进作风是当前中国共产党改善形象、巩固执政地位、提升国家软实力的一个重要抓手，但改进作风需要强有力的制度保证，只有搞好立足当前、着眼长远的制度创新，不断织密织牢制度之网，并切实把权力关进制度的笼子里，解决作风之弊才能见成效，才能获得老百姓的拥护、支持和国际舆论的赞誉。可以说，先进的制度不仅是国家软实力的重要来源，是一个国家拥有较高软实力的标志，也能为进一步提升国家软实力创造有利条件，对培育和提升国家软实力起着重要的促进作用。因此，国家软实力竞争在一定程度上就是制度之争。

## 四、意识形态吸引力

意识形态是一套反映一个国家统治集团利益和要求、有着明确世界观和方法论指导、能够进行自我规定和自我辩护的信念体系。就国家软实力所包括的各个要素而言，不论是文化软实力、科技软实力、制度软实力、对外软实力，还是国民素质，处于核心和统摄地位的就是国家的意识形态。意识形态作为构成国家软实力资源的关键要素，是国家政治认同和价值整合的重要手段，具有提高社会凝聚力与形成社会价值共识的功效。意识形态不仅能够整合国家内部的各种关系，增强本国国民的凝聚力和对自身文化价值观的认同，而且能够利用意识形态的吸引力，将其传播和投射到其他国家，达到促使他国按照本国意志行事的目的。一个国家的意识形态是否被重视和有效构建，主流意识形态是否被国内外高度认同，意识形态是否具有强大的吸引力和凝聚力，既是关系到国家前途命运的政治问题，也是衡量国家软实力大小的国家形象问题。

二战以来，一些西方国家十分重视意识形态在其外交中的地位和作用，一直强调它们的政治制度和价值观念的优越性，不断向第三世界国家兜售它们的自由、民主、人权等观念，对社会主义国家更是变本加厉地进行资本主义意识形态渗透。而一些社会主义国家的共产党之所以丧失政权，很大程度上就在于这些社会主义国家在国家建设的很多方面没有真正体现出社会主义意识形态的优越性和吸引力，在西方国家和平演变的意识形态进攻面前难以筑牢国内意识形态阵地，丧失了意识形态工作领导权和主导权，最终导致国家分崩离析。

在信息化和全媒体时代，世界各国政治、经济、文化相互交融的程度进一步加深，西方发达国家利用其自身的经济和技术优势加紧向外进行意识形态渗透。新自由主义思潮的不断蔓延表明，西方社会思潮与国家意识形态方面的软实力存在千丝万缕的联系。西方学者伯努瓦指出："资本主义卖的不再仅仅是商品和货物，它还卖标志、声音、图像、软件和联系，这不仅仅将房间塞满，而且还统治着想象领域，占据着交流空间。"[①] 詹姆斯·彼得拉斯曾在《二十世纪末的文化帝国主义》一文中指出，美国推行文化帝国主义的两大目标：经济上要为其文化商品攫取市场，政治上则是要通过改造大众意识来获取霸权。可以看出，美国借助新媒体与网络传播的技术优势进行意识形态扩张的意图十分明显。

中国作为发展中的社会主义国家，面对西方国家意识形态的强势地位和对我国主流意识形态的强力渗透和侵蚀，要充分认识意识形态在提升国家软实力中的关键作用，把作为国家发展之魂的意识形态建设放到核心和统摄全局的高度抓紧抓好，用社会主义核心价值观引领社会思潮，用中国特色社会主义共同理想凝聚力量，把民族精神和时代精神作为实现中国梦的精神支撑，筑牢我国社会主义意识形态高地，不断彰显社会主义意识形态作为国家软实力的优越性和吸引力。

## 五、国民素质

国民素质是指一个国家公民的素质，包括国民的思想道德素质、科学文化素质和健康素质。国民整体素质的高低是构成国家软实力的一个重要因素。一个国家文化、科技、制度和意识形态方面的软实力以及通过其他形式表现出来的软实力最终还要体现在人的素质和能力上。因为，人是文化的载体，传统文化需要人去传承，先进文化需要人去创造，增强文化感染力和影响力需要人去传播和推动；提升国家科技软实力的实质就是提升人的科技创新能力，这就需要培养造就一批又一批富有创新精神、适应国家经济社会发展需要的各类人才；任何制度、体制无一例外地是由人来设计、建立、运作、评价和健全完善的，作为国家软实力重要体现的制度先进性和吸引力也是通过人的行为表现出来的；国民对国家主流价值观的认同和积极践行所表现出来的意志力和人格品质则是国家形象的直接反映，

---

① ［法］阿兰·伯努瓦著，王列译：《全球化与世界》，中央编译出版社 1998 年版，第 10 页。

这种国民的人格魅力必然会提升国家亲和力和感染力，促使他国国民对该国及其国民的主动接近和效仿。因此，由国民素质所表现出来的凝聚力、创造力、意志力、亲和力是一个国家或一个民族的最根本的“软权力”。

在民族凝聚力方面，从历史上看，一个弱小民族在外敌入侵时如果能够紧密团结在一起，同仇敌忾，往往能战胜强敌；而民族内部的分裂和斗争往往引起国家的覆亡。在国家建设时期，民族凝聚力能增加国民对国家建设目标的认同感，凝聚正能量，形成合力，不断推动国家各项事业的发展，有利于国家建设目标的实现。

在国际交往日益频繁的今天，国民素质通过国际交流与合作更能充分地彰显国家软实力。比如，2014 年年初，我国“雪龙”号南极考察船上的考察队员发扬国际人道主义精神，在接到俄罗斯国家南极考察船求救信号后，明知有危险却仍毅然前去救援，在成功营救俄罗斯被困人员后，自己却被密集浮冰区牢牢困住。雪龙船上的考察队员们团结一心，沉着应对，最终成功脱困。雪龙船上的考察队员们一系列感人的举动不仅展现了他们乐观顽强的精神风貌和超凡的能力素质，提升了民族自信心和自豪感，也彰显了我国积极履行国际义务的负责任大国的形象，成为我国国家软实力的最好诠释。当今时代，综合国力的竞争，越来越多地反映在软实力之间的较量，而软实力的较量实质上是国民素质的竞争。拥有高素质国民的国家，始终能在激烈的国际竞争中赢得主动地位。

在我国社会主义现代化建设过程中和发展社会主义市场经济的条件下，我国国民素质出现了一些新变化。一方面，国民的整体文化素质不断提升，国民的竞争意识、权利意识、效率意识、大局意识有所提高，国民的凝聚力、创造力有所增强；但另一方面，与世界上一些具有优良国民素质的现代化国家相比，我们国家的国民素质还存在着种种缺陷，如科技文化素质不高，思想观念陈旧，民主法治意识和社会公德淡薄，团队合作意识和竞争创新精神不足，政治、经济文化发展中普遍存在着短视行为等。国民素质方面表现出来的这些不良行为不仅影响和阻碍了我国经济社会的健康发展，也在一定程度上损害了我国在国际社会的良好形象，不利于提升我国的国家软实力。因此，必须下大力气提升国民素质，培育和增强国家软实力。

## 六、对外软实力

如果说文化、科技、制度、意识形态、国民素质等是一个国家内部存在着的软实力因素，那么，一个国家通过对外战略、外交活动和在处理国际事务中所体现出来的软实力因素则是该国的外部软实力，我们称之为对外软实力。对外软实力是指一个国家在对外活动和国际事务中以软性的方式运用国家实力资源维护国家利益、实现国家战略目标的能力。对外软实力表现在国家发展道路和制度模式的吸引力、处理国家间关系时的外交亲和力、国际机制的控制力、国际规则的创制力和国际义务的承担力等方面。

最早提出软实力概念的约瑟夫·奈在研究软实力时其着眼点就是关于美国国家对外软实力的提升问题，也就是美国如何以软性的方式利用其实力资源达到影响他国、更好地维持美国的国际霸权地位的目的。

近代以来，西方国家有意识地发展国家的对外软实力，把其作为国家对外扩张或保持霸权地位的有效工具。如处于辉煌时期的大英帝国曾凭借强大的军事和经济实力，将其制度机制、生产方式、商业模式和语言文化等软实力因素推广到世界各地，从而增强了英国的对外控制力、影响力和吸引力。

二战之后的美国在运用对外软实力方面显得更加成熟老练。虽然美国对外谋求主导性优势的霸权战略从未改变，但与历史上列强争夺或征服世界的模式相比，美国谋求和维持霸权的手段则更多地表现出对国家软实力的灵活运用。一是美国更多地采取“借力”，即通过建立各种集团和条约组织的方式来构建一个由美国主导的联盟体系以达到掌控世界和削弱对手的目的。二是美国竭力赋予其霸权以某种道义的或国际法意义上的合法性，把维护所谓的自由、民主、人权等西方价值观作为其动员国内社会力量支持政府对外政策的有效工具，并以此作为干涉其他国家内政的借口和号令西方世界的大旗。尤其明显的是，冷战结束以后，美国对外战略中这种道义的旗号与标准从过去那种带有防范意味的反苏反共进而转变为更加自信、傲慢和更具进攻性地在全世界推广其民主、人权和市场经济，甚至变本加厉地用武力为其所谓的价值标准开道。三是美国把文化战略当作护持其全球霸权战略的重要手段。美国不仅依靠其在经济、科技等方面的优势地位将其消费文化、娱乐文化与个人主义、自由主义的价值观念传播到世界各地，而且美国政府将对外文化宣传置于全球战略的高度，使美国的外交表现出极强烈的美国优越论以及美国应该拯救世界的救世主义传统。可以预见，今后美国将更广泛而灵活地运用国家对外软实力为其霸权利益服务。

作为四大文明古国之一，在对外关系方面中国是最早论述和运用软实力的国家之一。在战争与和平问题上，中国历来崇尚和平、厌恶战争，主张己所不欲、勿施于人。《孙子兵法》虽然是古代研究战争谋略的兵书，但孙武主张首先应以非战争手段解决国家之间的矛盾，即使用兵也把“不战而屈人之兵”作为最高境界。在处理民族间、国家间的关系问题上，中国主张和谐共处、协和万邦，把天下大同作为发展民族间、国家间关系的最高境界。在我国古代的汉唐以至两宋元明时期，均出现过民族融合、万方来贺的和谐盛世，和平的种子也被播撒到世界其他国家。正是因为当时中国在对外关系中恰当地运用了国家软实力，才使中国赢得了世界各国的广泛认同和拥戴。可以说，中国当时的国际地位和国家形象是其他国家无法比拟的。

新中国成立后，中国奉行独立自主的和平外交政策，按照和平共处五项原则处理国家间的关系，开创了中国外交新局面。改革开放三十多年来，伴随着我国综合国力的提升和国际地位不断提高，中国在国际上的影响将更加广泛而深刻。在这种情况下，中国会走什么样的发展道路、如何进行外交定位、自身发展的价值取向，以及中国在国际事务中如何发挥作用，也就是中国将以什么形象出现在国际舞台上，不仅是必须向十几亿中国人回答的问题，也是国际社会急于想知道答案的现实问题。事实上，十八大以来党和国家新一代领导人所提出的对外战略思想和外交理念、所进行的外交布局和外交实践已经完整地回答了这个问题。新时期我国外交战略思想和外交理念包括，中国永远不称霸，永远不搞扩张，坚定不移走和平发展道路；提出“中国梦”，在努力把自己事情办好的同时，同国际社会一道，推动实现持久和平、共同繁荣的“世界梦”；牢固树立人类命运共同体意识，在谋求本国发展中促进各国共同发展；超越零和博弈、集团政治等思维方式，同美国达成建立不冲突不对抗、相互尊重、合作共赢的新型大国关系的共识；坚持与邻为善、以邻为伴，睦邻、安邻、富邻，改善与多个周边国家关系；发展与发展中国家关系时体现真、实、亲、诚理念，永做它们的可靠朋友；推动国际机制的创新，增强发展中国家尤其是新兴经济体在国际经贸规则和标准制定中的话语权；积极参与全球治理，向世界提供更多公共产品，为全球性挑战和国际热点问题的解决贡献智慧和力量。新时期我国外交战略思想和外交理念的实质就是利用当前我国不断上升的有利国际地位，充分发挥我国对外软实力的积极作用，展示负责任的大国形象，增强中国的国际影响力和吸引力。

## 第三节 国家软实力的主要特征

### 一、国家软实力自身所具有的开放性和包容性

首先，国家软实力不能被人为地垄断或被某些国家独占，具有开放性。国家硬实力资源，比如一国的领土主权、自然资源、经济资源、军事武器及装备等只能被该国排他性占有，而像核武器和洲际导弹、某些先进技术或工艺、联合国安理会的投票权等也只是被某些国家垄断占有。与国家硬实力不同，国家软实力是在与其他国家不断地交流互动中表现出其影响力和吸引力的，国家软实力资源不能被一国或某些国家单独占有，尤其是国家软实力中的文化、知识、思想观念是不能被垄断的。因为，一国文化软实力的生命力不仅表现在其自身文化的先进性和优越性，也表现在如何博采众长、积极吸收借鉴他国有益文化成果、不断加强文化交流与合作等。不仅如此，这种国家文化软实力的力量往往来源于其开放性和扩散性，也就是说，只有当一种文化被广泛传播时，才会产生越来越强大的影响力，才能说明这种国家软实力的影响力和渗透力；如果封闭或垄断一种文化，那么就不能使它成为构成软实力的基本支柱。

其次，国家软实力具有包容性。按照约瑟夫·奈对软实力的定义，国

家软实力的实现是通过吸引和说服而非强迫的方式使别国服从自己进而实现国家的目标。这种定义虽然说明了国家软实力作用方式的非强制性，但国家软实力的这种非强制性并不是其本质特性，而真正体现国家软实力本质特性的是国家软实力所具有的包容性。国家软实力作为一种价值追求，一种精神境界，一种人文关怀，一种国家发展战略，需要具有极强的包容性。培育和提升国家软实力不能以邻为壑，不能只考虑一己之私把自己的意志强加给他人，哪怕以软性的方式体现出来。约瑟夫·奈提出的软实力观念的一个致命缺陷就在于，他虽然建议美国政府要以软性的方式增强美国的对外影响力，改变以往那种咄咄逼人地以强力向外推行自己国家意志的做法，但他仍然是从维护美国全球霸权的角度来看待和运用国家软实力的。他没有看到美国价值观的局限性，没有认识到美国追求其自身国家利益的狭隘性，没有考虑到他国正当的利益诉求。也就是说约瑟夫·奈所定义的美国国家软实力不具有广泛的包容性，不具有普世性和终极人文关怀。在现实情况下，为了避免美国推行的西方民主价值观所导致的人道灾难以及类似美国金融泡沫式的发展导致世界经济发展灾难的重演，培育和提升国家软实力时不仅要求世界各国的政策与战略之间要相互包容，也要努力消除由于不同民族间历史文化、宗教信仰、社会制度的差异造成的种种障碍，共同应对各种世界性难题，为营造一个各国互利共赢、各种文明兼容并蓄的美好世界而奋斗。

习近平总书记在巴黎联合国教科文组织总部发表演讲时指出，文明是包容的，人类文明因包容才有交流互鉴的动力。一切文明成果都值得尊重，一切文明成果都值得珍惜。只有交流互鉴，一种文明才能充满生命力。世界上有200多个国家和地区，2 500多个民族以及多种宗教。如果只有一种生活方式，只有一种语言，只有一种音乐，只有一种服饰，那是不可想象的。对待不同文明，我们需要有比天空更宽阔的胸怀。我们应该推动不同文明相互尊重、和谐共处，让文明交流互鉴成为增进各国人民友谊的桥梁、推动人类社会进步的动力、维护世界和平的纽带。我们应该从不同文明中寻求智慧、汲取营养，为人们提供精神支撑和心灵慰藉，携手解决人类共同面临的各种挑战。①

## 二、国家软实力发挥作用的互动性、渗透性

培育和提升国家软实力的目的就是通过发挥国家软实力的作用为国家发展目标服务，而国家软实力发挥作用的问题就是国家软实力的实现问题，国家软实力的实现是国家借助硬实力、软实力各种要素对国家各种资源的综合利用。因此，国家软实力发挥作用时必然表现出很强的互动性和渗透性。

### （一）国家软实力发挥作用时与国家硬实力有很强的互动性、渗透性

一般而言，国家硬实力是软实力的基础，国家软实力发挥作用需要硬实力的支撑；同时，国家软实力不仅依附于国家硬实力，而且往往还随着国家硬实力的发展而不断得到提升。在国际政治领域，我们能看到，拥有强大硬实力的国家往往有巨大的软实力，反之也是如此。以美国为例，美国有强大的军事经济基础作后盾，才使美国拥有比别国更好地在科技和教育等方面的发展条件，有能力确立自己在国际组织和国际机构中的主导地位，推行其全球霸权战略和传扬自己的文化。此外，拥有强大硬实力的国家自然给他国一种可依赖、可信服的感觉，国家形象得以提升，成为他国模仿的对象，这就为国家软实力发挥作用提供了条件。

国家软实力依赖于国家硬实力的同时，还应看到，国家软实力对硬实力有重要的促进作用，软实力和硬实力存在着互动关系。如果一个国家的软实力得到长足发展，则可以弥补硬实力的不足。例如，正确的外交政策、高超的外交艺术、谈判手腕，以及训练有素的外交人员和外交组织，则足以弥补国家在军事等国家硬实力上的不足。相反，若以为拥有世界上无可匹敌的超一流军事力量，以为这样的硬实力大国可以不依靠外交政策、外交活动或其他柔性的力量去影响他国，那么，这样的国家必然在国际交往中处处碰壁。过去美国小布什政府在伊拉克和阿富汗的军事行动就说明了这一点。

---

① 《习近平在联合国教科文组织总部的演讲》，中国广播网，2014 年 3 月 28 日。

21世纪伊始，美国小布什上台后因为推行“先发制人”的军事战略和“单边主义”的外交政策招致世人不满，其国际形象受损，国家软实力下降。为了反思美国以前的对外战略和外交政策，为新一届美国政府提供战略参考，以重振美国在世界上的领导地位，美国智库于2007年11月推出了其研究成果——“巧实力”研究报告。报告认为，美国必须通过投资世界的善事才能成为一个“聪明”的国家，而激活联盟、伙伴与国际多边制度、关注全球发展、重视公共外交、进行经济整合和科技创新等则是美国投资世界的善事应该主要关注的几个方面。报告建议美国将硬实力和软实力“聪明”地结合起来，将各自的长处发挥到极致，以改善美国形象，从而把世人拉拢到美国的一边接受美国的霸权。从美国近几年的对外政策实践可以看出，美国无时无刻不在诠释和灵活运用着美国软、硬实力巧妙配合的“巧实力”外交。

当然，我们强调国家软实力与国家硬实力之间的互动性和渗透性，还要有正确的理解。我们知道，能够提升国家软实力的资源涵盖了国家所有资源，不论是国家硬实力资源，还是国家软实力资源，只要在对外事务中运用得当，都能产生吸引别国的力量。在国际交往中强调软实力，但软实力不能被理解成越软越有实力，以至于软得没有实力；或者抛开软实力的作用一味彰显国家的硬实力，这两种倾向都应该尽量避免。近年来，中国设立东海防空识别区和辽宁舰南下的行动引起广泛关注，也由此引发了对中国外交是否由韬光养晦向积极主动转变的讨论。其实这一问题就涉及国家软实力和硬实力如何配合运用的问题。评判外交政策不要只看具体手段，而是要看是否能维护国家利益。外交本身要通盘考虑各方面的因素，统筹方方面面的利益，不能说谈判磋商就是服软，动枪动炮就是强硬。因为不论是彰显硬实力亮剑斗争，还是发挥软实力作用进行谈判磋商，都不是目的，最终目的是使我们的国家利益得到维护，国家良好的国际形象得到提升，周边稳定的安全局势得以维持。

一个国家实力的强弱，既取决于领土、人口、资源以及经济和军事等硬实力，也取决于民族素质、文化传统、国家制度、国家战略和政府政策等软实力。既要重视领土、人口、资源以及经济和军事等国家硬实力的作用，也要重视民族素质、文化传统、国家战略和政府政策等国家软实力的重要性，综合运用这些因素来维护自身利益。一国如果没有与其经济军事实力相配套的政治经济制度、有效的政府管理、良好的生态环境、强大的民族凝聚力和参与国际事务的能力，很难谈得上具有较强的综合国力和国际竞争力。

（二）国家软实力发挥作用时本身展现出很强的内外互动性、渗透性

虽然国家软实力发挥作用取决于一个国家内部资源的规模和质量尤其是国家的文化、制度、价值观、国民素质等方面的非物质资源，但是国家软实力却有极明显的外部表现，也就是国家软实力往往表现为对他国的影响力、吸引力、感染力、亲和力，以及对国际事务和国际局势的把握和控制能力。因此，国家软实力发挥作用时具有很强的内外互动性和渗透性。如果国家利用其所拥有的软实力资源积极参与对外交往，与国际社会进行广泛互动，就会增强对他国的影响力，放大自身软实力资源潜力。以美国为例，美国之所以具有明显的软实力优势，除了美国具有超强的经济、军事、科技等国家硬实力以及丰富的软实力资源以外，还因为美国在利用国家软实力与外界交往时具有很强的内外互动性和渗透性。比如，作为联合国安理会常任理事国之一，美国利用其国家软、硬实力优势可以操控联合国的投票权或联大议程或者通过联合国章程和规则等来维护美国的利益；美国利用其在世界银行、国际货币基金组织、世界贸易组织等国际经济机构中的优势，通过对章程、规则的制定和修改及主导这些机构的实际运作，将美国的意识形态、价值观念和国家战略意图在全球范围内推广。不仅如此，美国还高度重视文化软实力的渗透作用，把许多带有美国文化元素的东西，如互联网、好莱坞的电影、迪斯尼的产品、NBA、可口可乐、麦当劳等推广到世界各地，在对外的广泛接触与互动中将其消费文化、娱乐文化、个人主义、自由主义的价值观念向世界传播、推广、渗透。事实上，对于任何一个国家都是如此，即国家软实力源于本国内部，但最终生成于和体现在对外的良性互动上，通过对外的交流互动和相互渗透，使国家软实力得以提升。

国家软实力除了与国家硬实力之间有很强的互动性、渗透性之外，国家软实力各要素之间也有很强的互动性、渗透性。一个国家如果在对内方面把国家软实力发展得好，可以使这个国家有运转高效的制度、先进包容

的文化、良好和谐的社会风气、高尚的道德情操、较高素质的国民，那么，在对外方面，这个国家的发展道路和制度模式就具有吸引力，在处理国家间关系时就有向心力和亲和力，在国际组织和机构中就会有影响力和规则的创制力，国家的对外软实力会相应提升。反过来也是如此，一个国家对外软实力的提升会促进国内软实力的发展。

## 三、国家软实力建设的整体性、渐进性和易损性

虽然软实力是一个借用过来的外来词汇，但是我们在研究和使用这个概念的时候更多地强调的是在提升国家综合国力的过程中如何发挥软实力的作用，因为国家软实力发挥作用的领域已不仅仅是国际战略和外交策略，而是扩展到内政、外交、国防、经济、政治、文化、社会、生态等现代化建设的各个方面。而且，我们强调在挖掘文化、价值观这些软实力资源的同时，也要认识到包含在经济、军事、科技等这些国家硬实力背后的软要素的价值，要把国家软实力与国家硬实力有机结合起来以便更好地提升国家综合国力。正因为如此，建设国家软实力实际上超越国家软实力本身，它已经和一个国家的经济、政治、社会、生态、外交、国防等各方面紧密联系在一起。在培育和提升国家软实力的过程中不仅要注重国家软实力各要素之间的相互促进和协调配合，也要注重与国家的经济建设、政治建设、社会建设、生态建设、国防建设以及改革开放的各项事业紧密联系起来，并通过各项建设事业的推进为国家软实力的提升创造良好的环境和条件，使综合国力获得整体提升。

培育和提升国家软实力的过程就是国家软实力的建设过程。因为软实力是以柔性的、非物质形态表现出来的精神力量，所以国家软实力建设必然是一个长期的、渐进的过程。无论是国家文化、科技、制度等方面的软实力建设，还是国民整体素质的提升和国家形象的改善，都不是一朝一夕就能取得明显成效的。以我国文化软实力建设为例。要增强中国文化软实力，不仅要花很大气力对中国传统文化做细致的收集、挖掘、整理、保护工作，还要在立足当代改革开放和现代化建设的实践基础上，从社会主义初级阶段的实际出发，高起点地推动文化在观念、内容、形式、体制机制

和传播手段等方面的创新，以增强我国文化发展活力。同时，还要加强对外文化交流，不断增强中华文化的国际影响力和吸引力。再以我国意识形态方面的国家软实力建设为例。由于包括价值观在内的国家意识形态对人的影响是持久而深刻的，要使意识形态产生吸引力必然需要很长的时间，而这种吸引力还会受到外界环境的干扰，形成一定程度的破坏力，这也增加了意识形态软实力建设的难度。比如，马克思主义之所以能成为我国社会主义事业的指导思想，就是因为马克思主义长期指导中国革命、建设和改革取得了巨大成功，被证明是正确的理论而被中国共产党和中国人民认同和接受。但是，马克思主义作为我国主流意识形态，要增强其吸引力和感染力，发挥其国民凝聚力的作用，还会受到来自各方面的干扰和挑战。一方面是来自国际的干扰和挑战，一是由于苏联解体和东欧剧变使这些国家抛弃了社会主义制度，导致一些人对马克思主义的怀疑和动摇；二是马克思主义受到来自西方资本主义国家意识形态的干扰和破坏，在西方价值观咄咄逼人的强势进攻面前，马克思主义意识形态的发展受到严峻挑战。另一方面是来自国内的干扰和挑战。在我国改革开放和现代化建设的过程中，由于我们按照市场的规律发展经济，不可避免地会使一些人的思想受市场经济的熏染，以金钱和个人利益至上，从而在一定程度上削弱了马克思主义在人们价值观中的主导地位。因此，我国意识形态方面的国家软实力建设任重而道远。

国家软实力建设是一个长期的、渐进的过程，以日本为例也能说明这一点。二战后的日本虽然在经济、科技等国家硬实力建设方面成就巨大，但作为曾经发动过侵略战争的战败国，日本要想在国际社会树立良好的形象，成为受人尊敬的政治大国，如果日本领导人不能像德国领导人那样对过去的侵略历史进行深刻的反省，向战争受害国人民做真诚道歉，并以实际行动为地区和平与发展做出贡献，那么日本的国家软实力很难在短时期内得以提升，有可能还会使日本成为国际社会尤其是亚洲国家间的破坏性力量。

国家软实力建设除了具有整体性、渐进性之外，还具有易损性的特点。国家软实力建设的易损性指的是，如果国家软实力在整体建设中一着不慎或部分遭到了破坏，那么整个软实力就会遭受严重损害。软实力如同信用，良好的信用需要很长时间才能蓄积起来，但信用的丧失则很快，一次失信记录就可能导致长期积累的整个信用毁于一旦。国家软实力建设也是如此。以苏联为例，第二次世界大战后，苏联凭借着作为战胜德国法西斯的主要大国之一而在欧洲拥有很强的软实力。但苏联在 1957 年入侵匈牙利和 1968 年入侵捷克斯洛伐克以后，这种实力就被消耗掉了。[①] 也正是从这两大事件开始，苏联模式在东欧社会主义国家中彻底失去了它的吸引力。所以，当戈尔巴乔夫在 20 世纪 80 年代中期对东欧进行“松绑”之时，东欧各国在“走自己的路”的同时，也都纷纷成为反苏的国家。苏联的例子说明，错误的政策引发的错误事件必然对国家软实力造成严重破坏。美国也有这种情况。第二次世界大战后，美国通过推行援助欧洲重建的马歇尔计划和在第三世界推行的各种援助计划，在本国民众和受援地公众之中树立起良好形象，其国家软实力获得很大提升。但后来美国发动越南战争以及强行把美元与黄金脱钩等霸权行为和为一己之私不惜伤害他国利益的自私行为严重损害美国在各国人民心中负责任大国的形象。冷战结束后，美国在对外政策行为中表现出来的强烈的霸权野心，特别是小布什政府上台后推行的先发制人的单边主义政策所表现出的傲慢与偏执，以及金融危机以来美国实行的一次又一次量化宽松政策对世界经济造成的损害，严重损害了世界各国尤其是受美国伤害较大的国家公众对于美国的好感，导致美国对外软实力大大下降。2013 年的美国“棱镜门事件”使美国的形象再一次遭受损害。据美国前中情局雇员爱德华·斯诺登的爆料，冷战以来，美国一直进行着规模惊人的海外监听活动，从欧洲到拉美，从传统盟友到新加入的合作伙伴，从国家元首通话、日常会议记录到国内外广大民众的即时通信均受到美国情报部门的深度监听。“棱镜门事件”在美国及国际社会掀起轩然大波，引发了包括德国、意大利等美国盟国在内的强烈不满，使得国际社会对美国政府公信力的质疑声骤然加剧，这又不可避免地损害了美国国家对外软实力。由此可见，在国家软实力建设过程中要极力防止“破窗效应”的出现。

---

① ［美］约瑟夫·奈著，张小明译：《理解国际冲突：理论与历史》，上海人民出版社 2002 年版，第 92 页。

## 四、国家软实力评估的主观性和不确定性

国家软实力是相对于硬实力而言的。一般来讲，一切有形的、可以量化的、可以表现为物质力量的实力都可以看成是国家硬实力。因此，对于国家硬实力的评估一般有着明确的客观指标，而且是可以量化的指标。例如，对国家经济实力可以从 GDP 总量及世界排名、GDP 增长速度、城乡居民收入、生态环境保护等方面来评估，对科技力可以从高技术产品、发明专利等指标来评估，对军事力量可以从现役军人数量、武器装备的优劣、航母编队数、各类同性能指标的战舰数、导弹数等来评估。但是对于国家软实力来说，我们很难像对国家硬实力那样进行具体、精确的量化和评估。究其原因，一是对国家软实力的评估具有主观性。有学者认为，软实力很难用某个或数个指标进行量化，也就很难衡量其数量上的大小。这是因为软实力的效果更具有不确定性，不同国家的国民会根据他们对某特定国家所拥有的信息形成其主观印象。[①] 二是因为国家软实力是无形的，往往表现为精神方面的力量，比如，评价一个国家的文化软实力，不能简单地以他国有多少人学习该国的语言来衡量，评价中国文化软实力也不能用中国在国外建了多少孔子学院来衡量，即使它们在某种程度上能说明国家文化软实力的国际影响力。再比如，爱国主义精神是国民素质和国家凝聚力的体现，但是作为国家软实力重要组成部分的爱国主义精神也很难用数字体现出来，更别说加以量化了。三是因为国家软实力始终处于动态的变化之中，随着外部环境(公众舆论、国际关系等)的变化而消长，其升降过程难以觉察。比如在大多数情况下，国家某项外交政策在实施数年后才能看出其对该国软实力产生的影响。四是因为国家软实力体现和拥有的多元化。国家软实力虽然从表面上说是国家整体实力的柔性展示，但在现实中，代表国家的个人、跨国公司、国际组织等非国家行为体却能从细节上反映出国家软实力。借助现代信息和通信技术带来的便利，上述非国家行

① 王京滨：《中日软实力实证分析——对大阪产业大学大学生问卷调查结果的考证》，《世界经济与政治》2007 年第 7 期。

为体通过各自不同的国外活动表现，对他们各自代表的国家软实力产生或有利或不利的影响。因此，很难从个体身上准确地判断出国家软实力的大小与强弱。五是因为国家软实力具有相对性。约瑟夫·奈说，“美国流行文化对不同信仰和不同团体的吸引力(或者排斥力)，会使美国政府官员们在推行他们的政策时更容易或者更困难”[①]。任何力量资源的效用都取决于它的背景环境。

有学者认为，软硬实力不可截然分开，同一种力量，有时表现为软，有时表现为硬，因此要对软硬力量进行动态分析，包括力量软硬程度的横向和纵向变化，以及相对性等。[②] 再比如，文化吸引力需要利用有多少人被吸引来评估，很难从文化本身来评估。再者，由于艺术见解的不同，某项艺术是否具有吸引力，一般是公说公有理，婆说婆有理，也很难找到客观的评价指标。由于上面几个方面的原因，我们认为对国家软实力的评估具有主观性和不确定性，但也不能说软实力就完全不能量化，只是不能全部量化。对国家软实力评估应该把定量和定性的评价结合起来。

---

① [美]约瑟夫·奈著，吴小辉等译:《软力量:世界政坛成功之道》，东方出版社 2005 年版，第 12 页。

② 郑永年、张弛:《国际政治中的软力量以及对我国软力量的观察》，《世界经济与政治》2007 年第 7 期。

# 第二章　国家文化软实力建设

## 第一节　软实力的中国化诠释——文化软实力

软实力概念是作为一种新的国际政治理念由美国哈佛大学教授约瑟夫·奈于1990年最先提出来的。他提出这一概念，主要着眼于美国的外交权谋和国际战略，着重强调的是美国如何利用其软实力更好地向外辐射，以维护美国的全球霸权地位。所以，在美国官方和一些西方学者的语境里，软力量、软权力、软霸权与软实力都是同一个意思。

自“软实力”这一概念提出以来，中国学者也普遍使用了这一概念，在中国权威的官方文件里也经常有提升国家软实力的表述。当然我们并不是原封不动地使用这一概念，而是进行了中国化的诠释。在我们看来，软实力的功能并不仅仅是外交权谋和国际战略，更重要的是综合国力的重要组成部分。我们着重强调的是文化在提升国家软实力中的地位和作用，因而提出了文化软实力的概念。也就是说，我们现在所要提升的国家软实力，并不完全是约瑟夫·奈等西方学者所表述的国家软实力，而是要提升我们国家的文化软实力。

正是基于这样的认识和理解，我们认为，文化软实力，就是某种文化通过人们的行为所产生的正面影响力，也就是通过思想理论、价值观念、道德品行、人格、风俗习惯、科学技术、文化事业、文化产业、教育、体育、文化市场、文化资源、文化环境等文化元素所展现出来的吸引力、感召力、创造力、凝聚力和生产力。对于我们国家来说，就是要用中华优秀文化的智慧与活力，对内推动人和社会的全面发展，对外促进世界的和谐进步，并且凭借它在实践中取得的积极成果，自然而然地对其他国家和民族产生吸引力，从而成为其他国家和民族可以分享，并且愿意分享的精神财富。

其实，文化软实力的核心是一种文化魅力，其基本特征表现为以下几个方面。一是文化软实力作为一种同化的力量，主要靠的是吸引力，而不是强制力，这就要求一个国家的文化要有原创性、先进性；二是文化软实力作为一种影响力要保持较强的竞争力，即在国际上有一定的话语权；三是文化软实力要有强大的凝聚力，在中国这样一个人口众多的大国，必须把十几亿人的意志和力量凝聚起来；四是文化软实力在表现方式上要有亲和力和感染力，即用人民大众乐于接受的方式和手段潜移默化地去感化他们，从而水到渠成地推广和普及这种文化。

## 第二节　国家文化软实力建设的重要性和迫切性

我们知道，文化软实力不仅是国家整体软实力的重要组成部分，而且是国家软实力最根本的源泉，是发展国家软实力其他构成要素的重要支撑。可以说，在国家软实力中文化软实力居于灵魂地位，发挥着经纬作用。在当前我国发展的内外环境发生了重大变化的情况下，中国迫切需要发展国家的文化软实力。

### 一、国家进一步发展需要文化软实力的支撑

自实行改革开放以来，特别是确立社会主义市场经济的改革目标之后，中国的经济迅猛发展，到 2010 年我国经济总量首次超过日本，跃居世界第二。虽然 2008 年国际金融危机对我国造成了严重影响，经济增速下降，但是中国顶住了国际金融危机的冲击，在加强对经济宏观调控的同

时，也加大了结构调整力度，在世界经济持续低迷的情况下保持了经济持续健康发展的态势，成为对世界经济发展贡献最大的国家。应该说，改革开放以来中国创造了世界经济发展的奇迹，并且随着国家经济等硬实力的不断增强，中国的国际地位也随之提高。然而，在我国经济等硬实力不断增强的背后，也存在着许多矛盾和问题，面临诸多矛盾叠加、风险隐患增多的挑战。从国内情况来看，经过多年的经济高速发展，中国开始步入中等收入国家行列，但经济发展带来的不均衡性，改革深化带来的利益格局调整，以及快速工业化、信息化、城镇化、市场化等积累的问题凸显出来，中国发展的压力和成本大大上升，人们的利益诉求也日益强烈，各种焦虑急躁情绪开始蔓延，社会内部的张力急速增大。从国际情况来看，由于中国经济快速发展引起世界力量对比发生了重大变化，国际社会看待中国的眼光和态度也发生了不同以往的变化，一个明显的表现就是国际社会尤其是西方国家对中国的发展产生了恐惧和质疑，甚至利用中国发展过程中出现的矛盾和问题来丑化和诋毁中国，恐华、反华的声浪一再高涨，从而使中国面临的国际压力空前加大。许多人对此感到迷惑不解，其实这种现象的出现有着深刻的原因，那就是我们在发展国家硬实力的同时没有实现国家软实力的提升，也说明国家硬实力的发展并不必然带来软实力的增长和国内外舆论环境的改善。这就需要我们认识到，文化软实力越来越成为综合国力竞争的重要因素，越来越成为经济社会发展的重要支撑。早在新民主主义革命时期，毛泽东曾经把革命文化看作与武装斗争并列的两大战役之一。如果国家的枪杆子是革命的硬实力，那么，革命的笔杆子就是革命的软实力。从今天的情况来看，文化软实力仍然具有当年那样重要的地位。当今世界，越来越多的国家都把提高文化软实力作为发展战略的重要内容。从一定程度上说，谁拥有了强大的文化软实力，谁就能在激烈的国际竞争中赢得主动。也正因为如此，我们需要大力发展国家的文化软实力，有效解决我国经济社会发展过程中所面临的深层次的矛盾和问题，并通过提升国家文化软实力来赢得国际社会的理解和尊重，为中国的发展创造有利的国际环境和舆论氛围。

## 二、国家文化软实力建设是全球化背景下维护国家意识形态安全的需要

我们知道，当今世界的一个重要特征是由现代科技和国际分工所推动的全球化不断向纵深发展。在全球化背景下，不仅各国经济高度依存，人员往来密切，信息传输便捷，而且各种思想文化的交流、交融、交锋也更加频繁。也就是说，当今世界不仅是经济全球化的世界，文化也处于全球化的状态当中。当然，文化的全球化并不意味着文化的同质化或者一体化，而是为文化的多样性发展提供一个良好的平台。然而，在全球化大背景下，由于各种思想文化潮流相互接触、相互激荡、相互竞争，必然导致不同文明之间的对抗和冲突，集中表现为国家意识形态的对抗和冲突。中国作为发展中的社会主义大国，意识形态和西方资本主义国家的意识形态有着本质的不同，因此，出于对自身文化、意识形态的自信和对社会主义中国意识形态的恐惧，西方国家借助全球化条件下文化传播与交流的便利条件对我国不断加大资本主义意识形态渗透，而社会主义中国为了使主流意识形态被国人高度认同，不断增强国家意识形态的吸引力和凝聚力，防范自身国家意识形态被西方国家渗透和破坏，必然要加强文化建设，不断提升国家文化软实力。可以说，在东西方意识形态争夺尤为激烈的今天，提升中国国家文化软实力就成为全球化条件下维护国家意识形态安全的重要途径和手段。

事实上，文化软实力在维护我国意识形态安全方面占有重要地位，发挥着不可替代的作用，这是因为，发展中国文化软实力不仅可以为维护我国意识形态安全提供重要文化基础，更为重要的是，提高我国文化软实力有利于增强我国意识形态的免疫力。近年来，西方国家不仅利用各种途径和渠道不断向我国兜售其自由、民主、人权等观念，还借助新媒体组织一大批被他们收买的职业写手在网络上散布大量蛊惑人心的文章和段子，极尽歪曲、抹黑、丑化、侮辱和诋毁之能事，对我国的意识形态安全造成了极大的侵蚀和破坏。然而，我们看到，面对西方国家利用信息技术优势对我国发起的强大意识形态攻势，我国文化软实力在维护意识形态安全方面

存在着明显不足，尤其是网络文化方面的应对能力明显不强，目前还没有能够有效整合相关资源和力量进行有效的回击。不仅如此，国内还出现了淡化意识形态和政治方向的现象，甚至有人提出要意识形态的多样化等思想观念，这必须引起高度警惕。

## 三、国家文化软实力建设是提升国民素质的需要

如前所述，国民素质是指一个国家公民的素质，包括国民的思想道德素质、科学文化素质和健康素质。国民整体素质的高低是构成国家软实力的一个重要因素。当今时代，综合国力的竞争，越来越多地反映在软实力之间的较量，而软实力的较量实质上是国民素质的竞争。因为一个国家文化、科技、制度和意识形态方面的软实力以及通过其他形式表现出来的软实力最终还要体现在人的素质和能力上。拥有高素质国民的国家，始终能在激烈的国际竞争中赢得主动地位。

在当前形势下，尽管我国公民的整体素质在不断提升，但国民素质中还存在着种种缺陷，如科技文化素质不高，思想观念陈旧，民主法治意识和社会公德淡薄，团队合作意识和竞争创新精神不足，政治、经济文化发展中普遍存在着短视行为等。国民素质方面表现出来的这些不良行为不仅影响和阻碍了我国经济社会的健康发展，也在一定程度上损害了我国在国际社会的良好形象，不利于提升我国的国家软实力。因此，必须下大力气提升国民素质，培育和增强国家软实力。

发展国家文化软实力是提升国民素质的重要途径和根本保障。首先，发展国家文化软实力能够大大提升国民的精神素质。因为，文化是民族的血脉，是人民的精神家园。物质贫乏不是社会主义，精神空虚也不是社会主义，没有先进文化的积极引领，没有人民精神世界的极大丰富，没有全民族精神力量的充分发挥，一个国家、一个民族不可能屹立于世界民族之林。因此，在我国社会主义现代化建设的今天，不仅要通过经济增长来提升广大人民群众日益增长的物质需求，更要通过文化发展来提升国民的精神境界。

其次，发展国家文化软实力是提升国民的科技素质的重要途径。当今

世界，以第三次工业革命为代表的新一轮科技革命迅猛发展，一些重要科学问题和关键核心技术已经呈现出革命性突破的先兆，新科技革命迅猛发展引发新的创新浪潮正日益成为经济社会发展的决定性因素，科学技术作为第一生产力的地位和作用越来越突出。为了在未来综合国力竞争中抢占全球分工和产业发展制高点，无论发达国家还是新兴经济体，纷纷把推动科技进步和创新作为国家战略，大幅度提高科技投入，重视各类人才培养，提升国民的科技素质，加快科技成果转化和产业更新升级，以便为经济社会发展提供持久动力，并在国际经济、科技竞争中争取更大主动权。面对方兴未艾的新一轮科技革命和日益激烈的人才竞争，我国不仅提出了科教兴国战略，而且把提高自主创新能力、建设创新型国家作为国家发展战略的核心，对实施创新驱动发展战略作出了重大部署，要求把科技创新和人才培养摆在关系国家发展全局的核心位置。而科技创新和人才培养需要通过发展国家文化软实力来实现。可以说，发展国家文化软实力不仅能为我国经济社会发展提供坚实的智力支撑，成为缩小与世界先进国家发展差距、发挥我国后发优势的助推器，也是破解当前我国经济社会发展难题的关键。

综上所述，发展我国国家文化软实力是我国经济社会发展的重要支撑，是国家进一步发展的需要，是全球化背景下维护国家意识形态安全的需要，更是提升全体国民文明素质、增强国家凝聚力和吸引力、提升国家形象的重要途径。可以说，没有文化高度的软实力是短视的，没有文化深度的软实力是肤浅的，没有文化广度的软实力是狭隘的，没有文化开放的软实力是封闭的。正因为文化建设和提升我国文化软实力在中国特色社会主义事业总体布局中具有极其重要的战略地位，在人民思想文化需求日益增长的现实下，如何提高文化竞争力和影响力，不断增强国家文化软实力越来越成为当代中国建设与发展面临的重大理论问题和实践问题。应该说，民族复兴归根到底体现为文化的复兴和文化强国的建成，真正形成促进中国社会健康发展的文化软实力，并为人类文化繁荣做出更大贡献，这是我们在社会主义现代化建设过程中应该有的文化自觉和文化自信。

## 第三节 国家文化软实力建设需要处理好的几大关系

### 一、国家硬实力和文化软实力的关系

一般来讲，综合国力作为一个主权国家赖以生存与发展所拥有的全部实力及国际影响力的合力，自然内在地包含着以有形的物质形态为特征的硬实力和以无形的精神形态为特征的软实力，也就是说，综合国力是硬实力和软实力的有机统一。在提升国家综合国力的过程中，国家硬实力和软实力是相辅相成的，一方面，硬实力是软实力的基础，没有一定的硬实力，软实力很难发挥作用，其发展必将受到很大的限制；另一方面，软实力是硬实力的精神力量和进一步发展的重要支撑，不仅要在发展国家硬实力的同时注重利用和培育国家软实力，更要在国家硬实力发展到一定程度的时候，更加高度关注国家软实力的提升。而作为国家软实力重要组成部分的国家文化软实力在提升国家硬实力方面发挥着极其重要而又不可替代的作用。一个值得注意的现象是，我国在2010年的时候国内生产总值就超过日本成为世界第二经济大国，说明我国的硬实力经过30多年的改革开放有了较大提升，但是我国的软实力却没有随着国家硬实力的发展而得到国际社会的普遍认可，有的国家甚至怀疑中国的发展会不会对它们产生威胁。之所以会出现这种情况，是因为今天中国的综合国力提升了，国际社会关注我们硬实力的同时，也要考察我们硬实力背后的文化信息和文化基因，会更加关注我们的文化软实力。因此，在中国的硬实力和软实力还不对称的情况下，需要花更大的精力和很多时间去提升我国的软实力尤其是我国的文化软实力。在这方面，我们要牢牢吸取苏联解体的深刻教训。对于社会主义国家苏联的解体，人们可以提出很多原因，但是一个很重要的原因就是文化软实力大厦的坍塌和意识形态的崩溃。在苏联解体的时候，它的军事力量等硬实力完全可以和美国叫板，但是最终还是迅速地不打自败。这说明如果物质硬实力这条腿不行，这个国家可能一打就败，而如果文化软实力不行，这个国家将不打自败。大国崛起不仅是经济现象，而且

是文化现象；不仅是经济增长，而且是文化增长；不仅是经济复兴，而且是文化复兴。大国崛起需要思想与文化的引领，大国崛起离不开思想与文化的崛起。只有当中国的文化软实力不断提升，中国人的整体素质、文化形象有一个新的风貌，那么文化强国的目标才能从根本上实现，中华民族的伟大复兴才能成为现实。文化软实力如此重要，不仅需要广大专家学者对此进行深入的研究，也需要国家在发展经济、提升国家硬实力的过程中高度关注国家软实力的提升，更加重视发挥软实力的作用尤其是文化软实力的作用。

## 二、中国传统文化与当代中国文化的关系

中国有非常丰富的文化软实力资源，那就是源远流长的传统文化。中国是文明古国，历史悠久，创造过灿烂文化，有着丰富的文化积淀。讲中国的传统文化，不仅包括诸子百家的思想，也包括中国的语言文字和书画、陶瓷、建筑等艺术成就，更包括“礼义廉耻”“温良恭俭让”这些为人处世的传统道德准则以及“不战而屈人之兵”等用兵之道。这些博大精深的传统文化不仅彰显当时中国雄厚的软实力，也是其他国家接纳、认同、敬重中国的重要原因，可以说，强大的文化软实力造就了中国古代辉煌的历史。

这些博大精深的传统文化，是提升我国文化软实力的重要资源或载体，但是文化软实力还不能和中国传统文化划等号，也就是说这些文化资源并不能直接等同于国家现实软实力，就像埋藏在地下的石油和煤炭一样，如果我们不能把它挖掘出来进行提炼，转换成能源，就不可能变成推动汽车火车飞机运行的一种力量。只有经过对传统文化的开采转化，这些文化资源才能变成一种推进文化社会发展的力量。因此，发展国家文化软实力需要处理好传统文化与当代中国文化的关系，把传统文化与社会主义先进文化辩证统一起来。

一方面，要继承中华优秀文化传统，大力弘扬中华文化，建设中华民族共有的精神家园。中华文化积淀着中华民族最深沉的精神追求，是中华民族生生不息、发展壮大的丰厚滋养，是中华民族团结奋进的不竭动力，是发展中国特色社会主义文化的深厚基础，是我们最深厚的文化软实力资

源。发展社会主义先进文化，提升国家文化软实力，一定要跟我们的传统文化发生联系，继承并大力弘扬中华优秀文化传统，努力展示中华文化的独特魅力，而不能割断自己的文化血脉来发展当代中国社会主义文化。为此，要系统梳理传统文化资源，对优秀传统文化的价值进行挖掘和阐发，加强文化典籍整理和出版工作，让收藏在禁宫里的文物、陈列在广阔大地上的遗产、书写在古籍里的文字都活起来，通过优秀传统文化传承体系建设使中华优秀传统文化得到更好的继承和弘扬。

另一方面，要实现对传统文化资源的现代性转换。国家文化软实力并不具有自我确认、自我命名的文化属性，而是一种需要对文化资源进行深度开发与能量转换，并且通过广泛的传播之后，才能成为现实的文化力量。只有对我国传统文化进行创造性的开发，才能实现它的经济效应和文化价值，否则我们的传统文化资源就仅仅是传统，而不能变成力量。传统文化的现代性转化是指要对那些不符合时代发展规律，不适应当代社会需求的传统文化资源进行必要的改写与重构。为此，要坚持古为今用，去粗取精、去伪存真，经过科学的扬弃后使之为我所用。正如习近平总书记所指出的那样，提高国家文化软实力，要使中华民族最基本的文化基因与当代文化相适应、与现代社会相协调，以人们喜闻乐见、具有广泛参与性的方式推广开来，把跨越时空、超越国度、富有永恒魅力、具有当代价值的文化精神弘扬起来，把继承传统优秀文化又弘扬时代精神、立足本国又面向世界的当代中国文化创新成果传播出去。①

总之，中国特色社会主义文化只有植根于中华文化沃土、反映中国人民意愿、适应中国和时代发展进步要求，才能向世人展示出中华文化的独特魅力，才能走出一条适合自己特点的发展道路，才能创造出中华文化新的辉煌。

## 三、中国文化与外来文化的关系

世界上许多国家和民族都曾在人类文明发展史的长河中积淀了深厚的

---

① 《习近平在中共中央政治局第十二次集体学习时发表重要讲话》，《人民日报》2013 年 12 月 30 日。

民族优秀文化底蕴，这些不同的文明成果不仅是世界多样性的重要表现，也丰富了整个人类的科学文化知识宝库，成为世界各国人民可以学习借鉴的共同财富，不断推动着人类社会发展进步。维护世界文明的多样性不仅是强调不同之处，而且突出强调在竞争比较中取长补短，在求同存异中相互学习、共同发展；维护世界的多样性不是将世界的多样性看成是对抗和摩擦，而是将其看做世界发展的活力。有鉴于此，提升中国文化软实力还要注意处理好中国文化与外来文化的关系。一方面，中华民族在历史上创造了博大精深的灿烂文化，是世界文化宝库中一颗耀眼的明珠，对此，我们要有足够的文化自信，在发展国家文化软实力时要保持民族本位，体现主体性，尤其要注重挖掘我们的民族文化特色和优势。不仅如此，还要推动中华文化走向世界，开展多渠道、多形式、多层次的对外文化交流，广泛参与世界文明对话，不断增强中华文化在世界上的感召力和影响力。另一方面，要通过相互学习和交流，积极吸收借鉴国外优秀文化成果，不断提高我国的科技水平和文明程度。邓小平指出："社会主义要赢得与资本主义相比较的优势，就必须大胆吸收和借鉴人类社会创造的一切文明成果，吸收和借鉴当今世界各国包括资本主义发达国家的一切反映现代社会化生产规律的先进经营方式、管理方法。"[①] 为此，要从中国实际出发，坚持以我为主、洋为中用，去粗取精、去伪存真，经过科学的扬弃后使之为我所用。当然，我们学习外来文化尤其是西方文化绝对不能简单照抄照搬，食洋不化，而要在吸收借鉴的同时进行自己的文化创新，增添中国的材料和元素。当然，在借鉴学习国外文化的过程中，我们决不学习和引进资本主义制度，以及各种丑恶颓废的东西。因为，资本主义制度和价值观念，低级趣味、崇洋媚外的文化产品，必然腐蚀人们的心灵，污染社会环境，损害国家形象，对我国社会主义事业造成严重破坏。

## 第四节　国家文化软实力建设的着力点

发展国家文化软实力是一个庞大的、复杂的系统工程，不仅要处理好

---

① 转引自孙占元：《中国特色社会主义理论体系研究》，山东人民出版社 2011 年版，第 64 页。

一系列重大关系问题，还要找准提升文化软实力的路径和着眼点。

## 一、维护和建设好社会主义核心价值体系

一个国家、一个民族在长期的实践过程中，必然形成自己的核心价值体系。核心价值体系是指一个国家、一个民族、一个社会在长期共同的认识和实践活动中形成的居核心地位、起主导和统领整个价值体系的基本特征和基本方向的价值观念体系。核心价值体系作为思想观念形态系统反映了一定社会集团的经济政治利益，也是一定社会阶级的政治理想、价值标准和行为规范的思想基础，更是整个社会系统得以运转、社会秩序得以维持的基本精神依托。核心价值体系，不仅作用于经济、政治、文化和社会生活的各个方面，而且对于每个社会成员的世界观、人生观、价值观都有着深刻的影响。

一个国家的文化软实力说到底是该国文化的吸引力、感召力和凝聚力，而决定一国文化软实力精髓和发展方向的基本元素，就在于其内部所蕴含的核心价值体系。从国际视野来看，价值体系往往是文化区别于另一种文化的最根本标志，也是这种文化的独特魅力所在，因此核心价值体系也可以说是文化软实力的基本内核和基础。

我国是社会主义国家，我国的文化历史传统和人民当家做主的国家政权性质决定了中国必然选择社会主义核心价值体系，决定了这种社会主义核心价值体系应该是马克思主义科学理论与中华文化和时代精神相结合的产物。社会主义核心价值体系包括四个方面的基本内容：第一，马克思主义指导思想；第二，中国特色社会主义共同理想；第三，以爱国主义为核心的民族精神和以改革创新为核心的时代精神；第四，以“八荣八耻”为主要内容的社会主义荣辱观。社会主义核心价值体系明确回答了在新的历史条件下，我们党用什么样的精神旗帜团结带领全体人民开拓前进、中华民族以什么样的精神状态屹立于世界民族之林的重大问题。

社会主义核心价值体系四个方面的基本内容相互联系、相互贯通，共同构成辩证统一的有机整体，都是社会主义意识形态最重要的组成部分，是社会主义意识形态的本质体现，是从我们党领导人民在长期实践中形成

的丰富思想文化成果中提炼和概括出来的精华，是对社会主义核心价值体系深刻内涵的科学揭示。“坚持马克思主义的指导地位”，抓住了社会主义核心价值体系的灵魂；“树立共同理想”，突出了社会主义核心价值体系的主题；“培育和弘扬民族精神与时代精神”，掌握了社会主义核心价值体系的精髓；“树立和践行社会主义荣辱观”，打牢了社会主义核心价值体系的基础。要巩固马克思主义指导地位，坚持不懈地用马克思主义中国化最新成果武装全党、教育人民，用中国特色社会主义共同理想凝聚力量，用以爱国主义为核心的民族精神和以改革创新为核心的时代精神鼓舞斗志，用社会主义荣辱观引领风尚，巩固全党全国各族人民团结奋斗的共同思想基础。

建设社会主义核心价值体系，是兴国之魂，是社会主义先进文化的精髓，不仅决定着中国特色社会主义发展方向，也是推动文化大发展、大繁荣，提高国家文化软实力的必然要求。没有社会主义核心价值体系的引领和主导，文化大发展大繁荣就会迷失方向、失去根本。只有建设具有广泛感召力的社会主义核心价值体系，才能在尊重差异中扩大社会认同，在包容多样中增进思想共识，形成全民族奋发向上的精神力量和团结和睦的精神纽带，打牢全党全国人民团结奋斗的思想基础。

在中国实行对外开放和发展社会主义市场经济的条件下，我们在借鉴吸收国外优秀文明成果的同时，我国的主流价值观也面临着外来价值观的冲击；我们在加快发展市场经济、增强社会活力的同时，人们的价值观念也日益多样化；互联网的普及和新的文化传播方式，放大了社会上一些原来处于隐秘状态的不良心态和负面情绪。这些不利因素都对社会主义核心价值体系的建设和维护造成重大冲击。

党的十八大提出，倡导富强、民主、文明、和谐，倡导自由、平等、公正、法治，倡导爱国、敬业、诚信、友善，积极培育和践行社会主义核心价值观。社会主义核心价值观，把涉及国家、社会、公民的价值要求融为一体，既体现了社会主义的本质要求，继承了中华优秀传统文化，也吸收了世界文明有益成果，体现了时代精神。在新的形势下，为了更好地应对我国社会主义核心价值体系面临的考验，有效维护意识形态安全，不断增强国家文化软实力，要把牢固树立和践行社会主义核心价值观作为文化软实力建设的重点，切实把社会主义核心价值观贯穿于社会生活的方方面面，不断增强社会主义核心价值观的生命力、凝聚力、感召力。为此，要通过教育引导、舆论宣传、文化熏陶、实践养成、制度保障等，使社会主义核心价值观内化为人们的精神追求，外化为人们的自觉行动。要利用各种时机和场合，形成有利于培育和弘扬社会主义核心价值观的生活情景和社会氛围，使核心价值观的影响像空气一样无所不在、无时不有。只有牢固树立和践行社会主义核心价值观，不断加强社会主义核心价值体系建设，才能保持国家长治久安，才能振奋民族精神，提高民族竞争力，才能使中华文化自立于世界文化之林。

## 二、加快发展文化事业和文化产业

文化被区分为两大类，一类是文化事业，一类是文化产业。所谓文化事业就是包括教育科学在内的公共文化服务体系，发展公益性文化事业是社会主义制度下保障人民基本文化权益的基本途径，是实现文化发展成果由人民共建共享的制度保障。文化产业是指从事文化产品生产和提供文化服务的经营性行业，发展文化产业是社会主义市场经济条件下满足人民多样化精神文化需求的重要途径，是充分发挥市场在文化资源配置中的积极作用、激发全社会文化创造活力的必然要求。虽然两者运营逻辑不同，但是文化产业和文化事业作为发展国家文化软实力的两翼，需要协调推进，双轮驱动。

一般来讲，文化事业进步和文化产业繁荣是一个国家的文化总体实力和国际竞争力的主要表现，是衡量国家文化软实力的重要标准。提高我国文化的总体实力和国际竞争力，就是要加快发展文化事业和文化产业。不仅要通过大力发展各种公益性文化事业来提高全民族整体素质，还要通过大力发展文化产业创造无愧于历史、无愧于时代、无愧于人民的精品文化力作。习近平 2014 年在文艺工作座谈会上讲话指出，文艺工作者要把创作当做自己的中心任务，把作品看成自己的立身之本，坚持以人民为中心的创作导向，努力创作生产更多传播当代中国价值观念、体现中华文化精神、反映中国人审美追求，思想性、艺术性、观赏性有机统一的、无愧于时代的优秀作品，弘扬中国精神、凝聚中国力量，鼓舞全国各族人民朝气蓬勃迈向未来。事实上，一个民族所创造的文化成果，不仅丰富了本民族的文化宝库，也为人类文化增添了色彩；不仅为本民族所享用，也为其他民族所分享。一个文化创造力较强的民族，更容易赢得其他民族在观念上的尊重、情感上的亲近、行动上的支持。这种使其他民族尊重、亲近和支持的能力，就是国家文化软实力。可以说，我们的文化事业能否蒸蒸日上，我们的学者、作家、艺术家能否不断创造出文化精品，我们的企业、地区和文艺院团能否逐步形成一些国际知名的文化品牌，是衡量我们的民族文化是否具有强大而持久的国际影响力的重要标准。

然而，当前我国文化事业和文化产业的发展现状还不尽如人意，文化事业还有许多有待补齐的短板，文化产业产值所占 GDP 的比重还相对较低，在国际文化产品贸易方面还是很尴尬。因此，必须加快发展文化事业和文化产业。一方面，要按照公益性、基本性、均等性、便利性的要求，以政府为主导，以公共财政为支撑，以公益性文化单位为骨干，以全体人民为服务对象，以保障人民基本文化权益为主要内容，鼓励全社会积极参与，大力发展公益性文化事业。另一方面，要着力培育一批有实力、有竞争力的骨干文化企业，提高我国文化产业整体实力和竞争力，形成以公有制为主体、多种所有制共同发展的文化产业格局。只有牢牢坚持社会主义先进文化的前进方向，科学界定人民的基本文化权益和多样化精神文化需求，全面把握政府和市场在文化建设中的职责和功能，推动形成文化事业和文化产业“两手抓、两加强”的工作格局，形成促进我国社会主义文化事业和文化产业协同发展进步的良好态势，才能不断提升国家文化软实力。

### 三、积极推动中国文化“走出去”

在经济全球化条件下，为了在全方位的对外交往中不断提升我国竞争力，必须在发展国际经济交流与合作的同时通过开展多渠道、多形式、多层次的中外文化交流与合作，积极推动中国文化“走出去”。首先，推动中国文化去“走出去”是展示中华文化独特魅力的需要。在 5 000 多年文明发展进程中，中华民族创造了博大精深的灿烂文化，不仅具有历史文献和文明遗产的价值，也是中华民族共有精神家园，是中华民族生生不息、团结奋进的不竭动力，并以包容性的特征彰显其全球性价值。有鉴于此，不仅要在国内把这种富有永恒魅力的中华文化以我国人民喜闻乐见、具有广泛参与性的方式弘扬起来、推广开来，还要使这种体现中华民族最基本的文化基因的中华文化在立足本国发展的同时以各国人民能够普遍接受的方式传播出去，努力展示中华文化独特魅力，不断扩大中华文化的国际影响力。

其次，推动中国文化“走出去”是提高中国国际话语权的需要。在国际经济政治格局发生重大转变和深度调整的今天，为了在全球范围内维护和追求自身利益，就必须积极参与适应新时代要求的新的国际规则的制定，尤其要在推动全球公平贸易、“南南合作”、落实联合国“千年发展目标”、解决国际热点问题，以及应对全球气候变暖等国际事务中发出自己的声音。这就需要努力提高国际话语权，加强国际传播能力建设。而推动中国文化走出去则是提高中国国际话语权的重要途径。为此，要精心构建对外话语体系，做大做强主流媒体，发挥好新兴媒体作用，同时高度重视互联网的运用与管理，逐渐形成与我国国际地位相称的舆论力量，不断增强对外话语的创造力、感召力、公信力，讲好中国故事，传播好中国声音，阐释好中国特色，在推动中国文化“走出去”的过程中不断提高中国国际话语权。

再次，推动中国文化“走出去”是塑造中国国际良好形象的需要。中国的快速发展和国家实力的提升容易引起国际社会对中国国际地位的讨论和对中国国际形象的关注甚至对中国发展的疑虑。这就有必要在中国快速发展的过程中不断塑造中国国家的良好形象。正如习近平同志所强调的那样，在对外交往中要重点塑造和展示中国历史底蕴深厚、各民族多元一体、文化多样和谐的文明大国形象，政治清明、经济发展、文化繁荣、社会稳定、人民团结、山河秀美的东方大国形象，坚持和平发展、促进共同发展、维护国际公平正义、为人类作出贡献的负责任大国形象，对外更加开放、更加具有亲和力、充满希望、充满活力的社会主义大国形象。[①] 推

① 《习近平在中共中央政治局第十二次集体学习时发表的讲话内容》，新华网，2013 年 12 月 30 日。

动中国文化“走出去”，不仅可以在中外文化交流与传播的过程中增进彼此的了解，从而消除某些国家对我国发展的担心和疑虑，也可以通过对中国人民、中华民族的优秀文化和光荣历史的正面宣传，加深国际社会对中国的好感，提升国际亲和力，进而塑造我国的良好国际形象。

最后，推动中国文化“走出去”是提升我国国际文化市场竞争力的需要。当今世界，由于经济全球化、信息传播途径的快捷透明，以及世界各国人民精神文化需求的普遍增长，中国文化“走出去”不仅可以展示我国文化的独特魅力，加深各国民众之间的相互了解，提高中国国际话语权，塑造我国的良好国际形象，而且还能够成为为我国创造巨额外汇收入的经济增长点。而要做到这一点就必须使我国的文化产品在国际文化市场上有较强的竞争力，况且一国文化“走出去”是需要用市场的方式来推进才是最有效的。当前，中国文化产品在国际文化市场上的竞争力还不尽如人意。比如，我国现在的流行文化产品不能与美、日、韩相提并论，我们的商业演出远远没有起到像美国电影那样的影响力。为此，不仅要构筑一个中国文化“走出去”的牢固基础和平台，大力实施文化“走出去”工程，完善支持文化产品和服务“走出去”的政策措施，支持重点主流媒体在海外设立分支机构，培育一批具有国际竞争力的外向型文化企业和中介机构，积极开拓国际文化市场，不断提升我国国际文化市场竞争力。

## 第五节　国家文化软实力建设的保障条件

要促进国家文化软实力健康发展，不仅要处理好一系列重大关系问题，找准提升文化软实力的路径和着眼点，同时还需要一定的保障条件。

### 一、坚持党的领导和加强党的建设是根本政治保证

中国共产党是中国特色社会主义事业的领导核心，不仅是中国先进生产力的代表和中国最广大人民根本利益的代表，也是中国先进文化前进方向的代表。可以说，先进性是马克思主义政党的根本特征，也是政党的力量所在、生命所在，关系着中国特色社会主义事业的兴衰成败、中华民族

的前途命运，和国家的长治久安。党的建设是党领导的伟大事业不断取得胜利的法宝，而包括提高建设社会主义先进文化能力在内的党的执政能力建设则是党执政后的一项根本建设，是党的建设这一伟大工程的主线和重要内容。加快文化改革发展，提升中国文化软实力是提高党的执政能力，保证党的先进性的重要内容。执政党是加快推进文化改革发展，提升文化软实力的主体。从这个意义上说，坚持党的领导和加强党的建设是发展国家文化软实力根本政治保证。

办好中国的事情关键在党，这是被中国近代以来历史反复证明的真理，也是加强党的执政能力建设和先进性建设的内在要求。加快推进文化改革发展，提升国家文化软实力，也需要加强党对文化工作的领导。加强和改进党对文化建设的领导，具体来说就是要正确制定和完善文化建设的方针政策，坚持马克思主义在意识形态领域的指导地位，坚持文化发展的前进方向，坚持党管干部，建设好文化建设的领导班子和干部队伍基层组织和党员队伍，建设好宏大的文化人才队伍，不断满足人民日益增长的文化需求，使我国在政治上更有影响力，经济上更有竞争力，形象上更有亲和力，道义上更有感召力，坚定不移地走中国特色社会主义文化发展道路，加快社会主义文化强国建设，不断提升国家文化软实力。

## 二、坚持马克思主义指导地位是重要思想保证

马克思主义作为科学的世界观和方法论，不仅是中国共产党的指导思想，也是中国进行社会主义现代化建设的指导思想。历史证明，马克思主义不仅能够指导我们民族独立解放，而且也能指导国家富强和人民幸福；不仅能指导物质文明进步，也能够指导精神文明进步；不仅能够提高国家的硬实力，也能提高国家的软实力。应该说，马克思主义和中国共产主义指导思想相结合，不仅改变了中国共产党的面貌，也改变了中国的面貌和中国人民的面貌，马克思主义是中国历史和中国人民的选择。今天在中国讨论文化软实力建设问题，作为建设中国特色社会主义文化的指导思想与社会主义核心价值体系灵魂的马克思主义仍然是一个不容回避的重要的影响因素。如果脱离了马克思主义的指导，中国特色社会主义文化建设就无

从谈起，中国文化软实力建设也无从谈起。这是因为，马克思主义不仅能够为中国共产党提供长期执政的合法性基础，也是全国各族人民团结奋斗的共同思想基础。如果动摇了马克思主义的指导地位就会失去这个共有的思想基础，就会失去正确的方向，就会导致人们思想的混乱，社会的动荡，甚至是国家和民族的分裂。当然，也应看到，马克思主义作为一种意识形态虽然可以作为提升文化软实力的指导思想，也可以作为繁荣发展的重要内容，但是马克思主义自身不能等同于文化的繁荣与发展。由于马克思主义发展的历史条件已经发生了很大变化，特别是在长期抵制和排斥马克思主义的西方发达国家主导世界舆论的格局没有改变的情况下，如果要使马克思主义继续发挥其在提升中国文化软实力中的指导作用，必须用马克思主义的立场、观点、方法对当今世界的新变化做出合理的解释，提出切实可行的改造中国的方案，不断推进马克思主义的中国化、时代化和大众化，赢得人民群众的尊重和信仰，牢固占领意识形态的阵地，有效抵制西方资本主义国家对中国在思想文化方面所进行的渗透和破坏，从而确保国家的文化软实力建设沿着正确的方向健康发展。

### 三、制定和建立完善的文化发展体制机制是制度保证

改革开放以来，我国文化建设打开了蓬勃发展的广阔空间，国家文化软实力也有了较大提升。但也要看到，随着我国社会主义市场经济的发展和对外开放的扩大，文化赖以生存和发展的经济基础、体制机制、社会条件和国际环境都发生了深刻变化。随着经济的快速发展和物质生活水平的提高，人们的精神文化需求也日益增长，而我国文化建设还远远不能适应时代发展的要求，文化软实力与我国的综合国力和国际地位也不相匹配。为了更好地推进我国的社会主义文化事业，加快提升国家软实力，不断提高文化竞争力，建设社会主义文化强国，需要不断深化文化体制改革，建立健全既遵循文化发展规律又适应社会主义市场经济发展要求的体制机制，进一步解放和发展文化生产力，不断激发文化发展的活力，为人民群众提供更多更好的文化产品和文化服务。

深化文化体制改革，推进国家文化软实力的健康发展，一是要牢牢把

握正确方向，建立健全党委领导、政府管理、行业自律、社会监督、企事业单位依法运营的文化管理体制和富有活力的文化产品生产经营机制。二是要完善文化发展的保障机制，不仅要建立完善的对文化事业和文化产业发展的政策支持，而且要在制度上能够确保有充裕的公共财政和社会资本投入以促进文化事业的快速发展。三是要建立健全文化创新体系，充分运用高新技术创新文化生产方式，培育新的文化业态，加快构建传输快捷、覆盖广泛的文化传播体系。四是要构筑一个中国文化“走出去”的牢固基础和平台，大力实施文化“走出去”工程，完善支持文化产品和服务走出去政策的措施，支持重点主流媒体在海外设立分支机构，培育一批具有国际竞争力的外向型文化企业和中介机构，完善译制、推介、咨询等方面的扶持机制，积极开拓国际文化市场，通过不断深化中外人文交流，加强国际传播能力建设，进一步提升我国的国际文化市场竞争力。

# 第三章 国家软实力与中国现代化建设

## 第一节 中国现代化建设中的软实力因素

### 一、现代化内涵

从根本的意义上讲，现代化是指从传统社会到现代社会转变的过程，因此，现代化常被用来描述在现代社会发生的，包括经济、政治、文化变迁在内的种种进步的趋势和现象。然而，现代化的概念至今在国内外尚无一个统一的界定。根据马格纳雷拉的定义，现代化是发展中的社会为了获得发达的工业社会所具有的一些特点，而经历的文化与社会变迁的包容一切的全球性过程。[①] 马格纳雷拉这种对现代化的界定与大多数西方经典现代化理论一样，就是把西方发达国家在近代以来所走过的道路作为非西方国家现代化的样板，把西方文化作为现代化的精神动力，忽视或轻视了新兴民族国家在现代化进程中不同于西方发达国家的外部环境和自身的特殊性，因而具有一定的片面性。罗荣渠在深入分析的基础上对现代化进行了

---

① ［美］威廉・A. 哈维兰著，王铭铭译：《当代人类学》，上海人民出版社 1987 年版，第 575—585 页。

广义与狭义的双重定义。广义而言，现代化作为一个世界性的历史过程，是指人类社会从工业革命以来所经历的一场急剧变革，这一变革以工业化为推动力，导致传统的农业社会向现代工业社会的全球性的大转变，它使工业主义渗透到经济、政治、文化、思想等各个领域，引起其深刻的变化。狭义而言，现代化并不是一个自然的社会演变过程，它是落后国家采取高效率的途径(其中包括可利用的传统因素)，通过有计划地改造技术和学习世界先进，带动广泛的社会改革，以迅速赶上先进工业国和适应现代世界环境的发展过程。① 罗荣渠对现代化的界定既肯定了西方发达国家作为现代化的先行者所起的引领作用，也突出了相对落后国家以开拓性的魄力探索适合本国的现代化道路的必要性。

一般而言，现代化包括了学术知识上的科学化，政治上的民主化，经济上的工业化，社会生活上的城市化，思想领域的自由化，文化上的人性化等。现代化是人类文明的一种深刻变化，是文明要素的创新、选择、传播和退出交替进行的过程，是追赶、达到和保持世界先进水平的国际竞争。

## 二、实现现代化是中国共产党和中国人民长期不懈的追求和奋斗目标

在中国，现代化是一个自近代以来为大多数国人所熟知的概念，也是许多届中国政府和无数中国人向往并孜孜以求希望能达到的理想境界。早在新中国成立前夕召开的党的七届二中全会上，中国共产党就提出了把我国由落后的农业国变为先进的工业国、实现国家现代化的构想。1954 年召开的第一届全国人民代表大会，第一次明确提出要实现工业、农业、交通运输业和国防的四个现代化的任务，1956 年又把这一任务列入党的八大所通过的党章中。经过多年的实践，在逐步提高了对科学技术在发展国民经济、实现现代化中的地位和作用的认识以后，1964 年周恩来在三届人大一次会议的政府工作报告中明确了“四个现代化”的当代内涵并提出了在 20

---

① 罗荣渠:《现代化新论——世界与中国的现代化进程》，商务印书馆 2004 年版，第 17 页。

世纪内全面实现农业、工业、国防和科学技术的现代化，使我国经济走在世界前列的奋斗目标。1975年，当人们对“文化大革命”中在阶级斗争名义下人为制造的无休无止的争斗十分不满、对中国的前途感到渺茫的时候，周恩来在四届人大一次会议的政府工作报告中再次重申了这一目标。十一届三中全会以后，邓小平针对当时中国的具体国情，提出了“走出一条中国式的现代化道路”的新论断。党在十三大报告中制定的社会主义初级阶段的基本路线，明确了把我国建设成为富强、民主、文明的社会主义现代化国家作为奋斗目标，还把“分三步走、基本实现现代化”的发展战略构想确定下来。党的十三大确定的“三步走”和党的十五大确定的新“三步走”，以及以后党的历届全国代表大会通过的决议均把到21世纪中叶，人均国民生产总值达到中等发达国家水平，人民生活比较富裕，基本实现现代化作为全党全国人民的奋斗目标确定了下来。不仅如此，以习近平总书记为核心的新一届中央领导集体以铿锵有力的声音提出了实现中华民族伟大复兴的中国梦，进一步把实现现代化在内的中国梦作为我们坚定不移的信念和不懈追求。可以说，一个半世纪以来，尤其是新中国成立以来，实现现代化的宏伟目标鼓舞了一代又一代中国人的斗志，振奋了全国人民的精神，成为我们事业前进的强大动力。

## 三、国家软实力在中国现代化建设中的地位和作用

目前，我国还处于社会主义初级阶段，离现代化所要求的物质技术基础还有很大差距。在当今世界生产力迅猛发展的新形势下，我们所要实现的现代化，肩负着更为艰巨、复杂的任务。一方面，工业化、城市化仍然是我国现代化进程中需要继续完成的历史性任务，为此我们还要付出很大的努力；另一方面，我们面临着以信息化、网络化为标志的新的科技革命的挑战和综合国力激烈竞争的压力。摆脱不发达状态，逐步缩小同世界先进水平的差距，到21世纪中叶基本实现现代化，最终实现中华民族伟大复兴的中国梦，需要中国人民继续坚持不懈地努力奋斗。当前，软实力在国家发展中的战略地位和作用日益凸显，越来越成为提升国家综合实力的关键要素。因此，在我国社会主义现代化建设的过程中，要充分认识到国家

软实力对现代化建设的重要作用，要通过大力培育和提升国家软实力，推动中国社会主义现代化建设不断向前发展。

（一）国家软实力建设能为中国经济现代化、国防和军队现代化提供强大的科技支撑和智力支持

科学技术是人类利用通过对客观规律的研究而得到的知识而改造客观世界的手段和方法的总称。科学技术现代化就是通过科技创新和技术引进，用世界上最新的技术把中国各个部门、各个方面都装备起来，使中国在科学技术方面达到国际先进水平，从而推动中国经济社会的发展。科学技术现代化是中国“四个现代化”的重要组成部分，也是实现我国现代化的关键。由于国家软实力要素中包含了科技软实力，因此，中国总体科技水平和科技创新能力不仅是中国科学技术现代化的重要标志，也是国家科技软实力的重要表现。

首先，科技软实力为中国经济现代化提供强大的科技支撑和智力支持。当今世界，随着经济全球化的深入发展和科学技术的日新月异，科技与经济相互交融的程度不断加深，经济的科技含量日益提高，科技的经济功能越来越强，科技作为第一生产力的地位和作用越来越突出，科学技术特别是战略高技术正日益成为经济社会发展的决定性力量。在这种情况下，国家科技软实力的发展为中国经济现代化提供日益强大的科技支撑和智力支持。以农业现代化为例，现代农业是以广泛应用现代科学技术和普遍使用现代生产工具为标志的发达农业，其本质特征体现在现代科学技术被融入农业生产各要素之中，不仅农业生产工具、农业基础设施、农业经济结构、农业经营管理和服务、农业生态环境等各个方面需要科技支撑，而且，发展现代农业需要确保一定数量掌握现代农业科学技术、有文化、会经营的新型农民，也就是说现代农业完全得益于现代科学技术的发展，中国的农业现代化建设需要农业科技软实力的强有力支撑。

在工业现代化方面，虽然我国的工业化自新中国成立以来就得到重视并取得了长足发展，但仍长期面临着资源消耗高、环境污染严重、经济效益低等问题，产生这些问题的重要原因就是我国工业化过程中的科技含量不高，科技对工业的支撑作用有限。当前，工业化仍然是我国现代化进程

中需要继续完成的历史性任务。因此，必须加大工业科技投入，不断提高工业部门科技创新能力，走出一条科技含量高、经济效益好、资源消耗低、环境污染少、人力资源优势得到充分发挥的新型工业化路子。而这种新型工业化道路的“新”，就在于它同信息化等现代高科技发展紧密结合，在于科技软实力能够使我国工业化的支撑能力不断得以提升。

在我国经济现代化建设过程中，不仅长期面临资源相对短缺、生态环境脆弱、环境容量不足等问题，而且还存在“高投入、高消耗、高排放、不协调、难循环、低效率”的问题，解决这些问题必须转变我国经济发展方式，调整经济结构。2008 年国际金融危机之后，我国经济发展中“三高一低”的弊端更加突显，转变经济发展方式变得刻不容缓。如果不加快结构调整，转变发展方式，将无法有效应对国际挑战，也无法解决自身存在的突出矛盾和问题。而转方式、调结构的一条主要脉络就是从主要依靠增加物质资源的消耗向主要依靠科技进步、劳动者素质提高和管理创新转变。也就是说，转方式、调结构需要以科技创新为主要支撑。

当前，我国经济已经步入新常态，面对日趋激烈的国际发展竞争和国内发展动力转换的新形势，只有积极践行创新发展理念，把经济发展基点放在创新上，大力推进科技进步和创新，增强自主创新能力，推动我国经济增长从资源依赖型向创新驱动型转变，才能继续保持经济持续健康发展，不断推进中国经济现代化进程。

其次，科技软实力能为我国国防和军队现代化提供强大的科技支撑和智力支持。

国防和军队现代化不仅是我国社会主义现代化的重要组成部分，也是我国社会主义现代化事业安全及健康发展的重要保障。国防和军队现代化建设包括武器装备、军事人才、后勤保障、编制体制和军事理论的现代化等方面的内容。国防和军队现代化建设的各个方面和各个环节都体现着科技的重要支撑作用。当今世界，以信息技术为主要标志的高新技术迅猛发展并在军事领域广泛运用，科学技术在现代战争中的地位更加突出。现代科技不仅使武器装备的智能化水平大大提高，使传统武器的作战效能得以成倍提升，也使战争的基本形态发生了变化，信息化条件下的局部战争将成为现代战争的基本形态。对我国安全构成重大威胁的未来战争，将是高技术信息化条件下的局部战争。有专家指出，外空信息技术、空中预警技术、陆海空远程精确打击技术，这三大不可分割并有机联系的技术链环是未来中国国防现代化必须攻克的关键技术难题。① 在这种情况下，我国必须把军事斗争准备的基点由应付一般条件下的局部战争转到打赢现代技术特别是高技术条件下的局部战争上来，必须从促进国家现代化建设和确保国家绝对安全的战略高度来推进我国国防和军队现代化建设。针对当前我国所面临的新的安全形势和严峻的安全挑战，必须提升我国的科技创新能力，把最新的军事技术运用于尖端武器的研发和制造，同时，建造中国自己的具有强大作战能力的航空母舰。之所以要研制尖端武器，是因为武器装备的现代化，是军队和国防现代化建设的物质基础和主要标志；而加快航母的制造，是因为航母不是一般的战舰，它是一个集海陆空及一切最先进军事技术于一身并在全球范围内最具机动能力的作战平台，对于保障国家安全和保护中国的海外利益具有十分重要的意义。有了高新技术装备的先进武器和后勤保障体系、有了掌握现代军事技术和现代军事理论的军事人才、有了军队现代化建设中实现人与武器最佳结合的现代化军队编制体制，我国国防和军队现代化建设就能够在最高程度上保护我国的国家安全和利益，从而为我国社会主义现代化建设事业提供可靠保障。

（二）国家软实力建设为中国政治现代化和国家治理体系的现代化提供坚实的制度支撑

除了工业现代化、农业现代化、科学技术现代化、国防和军队现代化，政治现代化也是中国社会主义现代化建设的重要内容。党的十七大在十三大制定的党在社会主义初级阶段的基本路线的基础上提出了把我国建设成为富强、民主、文明、和谐的社会主义现代化国家的奋斗目标，其中的“民主”就是中国实现政治现代化的目标，也就是说，“民主”与“富强、文明、和谐”一起构成中国社会主义现代化建设的整体目标和总体要求。富强、文明、民主、和谐的总目标和总要求在现实中则表现为经济建设、政治建设、文化建设和社会建设的统一。

作为中国社会主义现代化建设目标之一的政治现代化，是指经济和社

① 张文木：《生存 · 发展 · 海权》，《领导文萃》2006 年第 11 期。

会其他方面的现代化所引起的从传统政治体系向现代政治体系转变的过程。①

政治现代化主要表现为政治制度化、法治化、民主化以及高效的政府行政能力。其中，政治制度化是政治现代化的首要目标，因为与其他几个方面的内容相比，制度在政治现代化进程中更具有根本性、全局性、稳定性和长期性。所以，政治现代化的关键就在于如何通过制度建设、制度设计和制度安排使国家的政治议程和政治活动按照一定的程序和规则行事，以摆脱随意性和过多的个人因素的影响。

制度软实力是国家软实力的重要组成部分。几乎所有研究软实力的中外专家学者无不强调制度的吸引力在国家软实力中的重要性。可以说，国家制度软实力直接体现为制度的合法性、先进性、优越性和吸引力。

在国家政治制度方面，我国已经建立起包括人民代表大会制度、中国共产党领导的多党合作和政治协商制度、民族区域自治制度，以及基层群众自治制度等在内的基本政治制度，逐渐形成了包括民主监督体制、司法体制、行政管理体制等各项具体制度在内的政治体制。

在中国社会主义政治现代化建设过程中，国家制度软实力中的政治制度的建设与完善为中国政治现代化提供了坚实的制度支撑。作为我国根本政治制度的人民代表大会制度从制度上充分保障了中国人民享有宪法赋予的各项民主权利，使人民群众能以国家和社会主人的身份依法管理国家和社会事务、管理经济和文化事业，有助于充分发挥广大人民群众建设国家、管理国家的积极性、主动性和创造性，有利于人民群众根本利益的实现，避免了资本主义国家由于实行“三权分立”制度造成的对民众利益的伤害。中国共产党领导的多党合作和政治协商制度作为我国一种能够体现社会主义民主政治要求的新型政党制度，从制度上充分保障各民主党派和无党派人士在统一战线和人民政协的组织形式下更好地履行政治协商、民主监督、参政议政职能，对于提高党的执政能力、发展社会主义民主政治、构建社会主义和谐社会、推动祖国统一大业、推进中国特色社会主义

---

① 李安增：《政治现代化研究——兼论政治现代化与政治发展、政治文明的关系》，《理论学刊》2007 年第 9 期。

伟大事业具有重要意义，充分彰显出我国政党制度的优越性。民族区域自治制度体现了各民族平等、团结、合作和共同繁荣的原则，保障了少数民族管理本民族、本地方事务的权利，有利于民族关系的和谐稳定和各民族的共同发展，对于巩固我国多民族国家的统一和稳定具有重要意义。基层群众自治制度则从制度上保证了广大人民群众在城乡基层群众性自治组织中能够依法直接行使民主选举、民主决策、民主管理和民主监督的权利，有利于维护广大人民群众切身利益，成为当代中国最直接、最现实、最具体、最广泛的民主实践。

邓小平指出："评价一个国家的政治体制、政治结构和政策是否正确，关键看三条：第一是看国家的政局是否稳定；第二是看能否增进人民的团结，改善人民的生活；第三是看生产力能否得到持续发展。"[①] 从我国长期实行这些基本政治制度和各项政治体制的实践结果来看，我国的基本政治制度是好的，各项政治体制也是富有成效的，这些政治制度既符合中国的国情又能体现政治现代化的要求，彰显了我国制度软实力的优越性和吸引力。但我们还应看到，我国的政治制度还不完善，党和国家现行的具体领导制度、组织形式和工作方式还存在一些缺陷，主要表现在国家制度体系不完善，法制不健全，权力过分集中、官僚主义、短期行为、重人治、轻法治等。为了进一步发挥我国制度软实力的作用，必须深化政治体制改革，使我国各项政治制度和具体政治体制更加成熟完善、更加卓有成效，为中国政治现代化提供更好的制度支撑。为此，党的十八届三中全会通过的《中共中央关于全面深化改革若干重大问题的决定》提出："全面深化改革的总目标是完善和发展中国特色社会主义制度，推进国家治理体系和治理能力现代化。"确立这个总目标，对实现社会主义现代化具有重大理论意义和实践意义。

作为全面深化改革的总目标之一的国家治理体系现代化，是社会政治经济现代化的必然要求，它本身也是政治现代化的重要标志。这里所说的国家治理体系，就是保证党领导人民有效治理国家的制度体系，包括人民代表大会制度这一保证人民当家做主的根本政治制度，中国共产党领导的

① 《邓小平文选》第3卷，人民出版社1993年版，第213页。

政治协商制度、民族区域自治制度、基层群众自治制度等基本政治制度，中国特色社会主义法律体系，公有制为主体、多种所有制经济共同发展的基本经济制度，以及经济、政治、文化、社会、生态文明和党的建设等各领域的体制与机制、法律与法规。国家治理体系现代化的关键在于制度的改革和创新，其着眼点和着力点就是要改革和完善国家各方面制度。推进国家治理体系现代化，意味着我们将构建起系统完备、科学规范、运行有效的制度体系，使各方面制度更加成熟、更加定型，实现党、国家、社会各项事务治理的制度化、规范化、程序化。而要实现这一目标需要付出长期艰苦的努力，将伴随着实现“两个一百年”奋斗目标的全过程。

作为国家软实力的重要组成部分的制度软实力直接对应着国家治理体系现代化所要求的各项制度。在推进国家治理体系现代化的过程中，要凸显中国特色社会主义制度优势，把已经建立起来的符合我国国情并在实践中证明是行之有效的各项国家制度作为党领导人民治理国家的基本制度依托，同时，要适应时代发展变化，改革不适应实践发展要求的体制与机制、法律与法规，不断创造和建设更先进、更优越的社会制度，通过不断增强国家制度软实力使国家治理体系的现代化获得坚实的制度支撑，将中国特色社会主义制度的优势更好地转化为管理国家的效能，达到实现国家长治久安的目的。

（三）国家软实力建设能直接促进人的现代化，为中国的现代化建设和国家治理能力的现代化提供强有力的人才支撑，为中国现代化建设提供精神动力和思想保证

首先，国家软实力建设能直接促进人的现代化。

现代化是包含人的现代化在内的社会发展过程。由于人是社会生产生活的主体，现代化的主体理所当然也只能是人。现代化的关键和核心是人的现代化。人不仅是现代化事业的推动者、创造者，也是现代化成果的享有者和现代文明的传承者。因此，在现代化进程中人的现代化既是现代化的出发点和先导，也是现代化的落脚点和归宿。从一些率先实现现代化的西方发达国家的历程看，社会现代化和人的现代化是现代化过程中的两个侧面，二者相互渗透，相辅相成。英克尔斯关于人的现代化指标体系就把人的现代化等同于人的全面发展，他认为，“人的现代化是现代社会的发

展目标，人的现代化还存在着缺陷和片面性。在价值含量上，现代化的人还是不完善的人，在现实社会生活中还存在着物化、异化和片面化的局限，而人的全面发展是人的最完善的生存状态和价值体现”①。在马克思主义那里，人的现代化就是实现人自由而全面的发展。

我们知道，一个国家文化、科技、制度和意识形态方面的软实力以及通过其他形式表现出来的软实力最终要体现在人的素质和能力上。那么，在中国社会主义现代化建设过程中，作为国家软实力关键要素的国民素质的提升就显得十分重要，它不仅能直接促进全体国民的现代化，而且能为中国的现代化建设提供强有力的人才支撑。在现阶段，培育和提升我国国家软实力就是要大力发展中国的教育科学文化事业，不断提升国民的科技文化素质。同时，加强思想道德建设，要按照有理想、有道德、有文化、有纪律的要求来引导人、教育人、培养人，逐步使全体国民树立崇高的理想信念、高尚的道德情操、自觉的法纪观念和较高的文化素质，使全体国民的精神境界得到极大提高，使人的全面发展程度向着更高的层次提升，不断促进人的现代化。

其次，国家软实力建设能为中国的现代化建设，特别是国家治理能力的现代化提供强有力的人才支撑。

由于我国是在经济文化比较落后的条件下进行社会主义现代化建设的，相对落后的物质技术基础决定了我国要用很长的时间去实现西方国家在资本主义条件下实现的工业化和经济的市场化、社会化、现代化的任务。虽然经过60多年的社会主义现代化建设，特别是改革开放近40年来的迅速发展，我国社会主义现代化建设事业取得了举世瞩目的成就，但总体而言，我国的生产力和科技、教育还比较落后，在经济和社会发展诸多方面还存在着许多难以解决的现实问题。因此，我们必须对中国社会主义现代化建设的长期性、紧迫性、复杂性、艰巨性有清醒的认识。而要解决我国现代化建设过程中这些问题，顺利推进现代化进程，关键是要有大批投身到现代化建设事业中的人才。如前所述，提升国家科技软实力的实质就是提升人的科技文化素质和科技创新能力，那么，培育和提升我国国家

① 郑永廷：《人的现代化理论与实践》，人民出版社2006年版，第235—236页。

软实力就能培养和造就一批又一批富有创新精神、适应国家经济社会发展需要的各类人才，从而为中国的现代化建设提供强有力的人才支撑。

尤其重要的是，国家软实力建设能为国家治理能力的现代化提供强大的人才支撑。党的十八届三中全会在《中共中央关于全面深化改革若干重大问题的决定》中提出的全面深化改革的总目标不仅包括推进国家治理体系的现代化，还包括国家治理能力现代化。国家治理能力，就是运用国家制度管理国家事务和社会事务、管理经济和文化事业的能力，也就是制度执行力。这种能力体现在改革发展稳定、内政外交国防、治党治国治军等各个方面。而治理能力的关键是人的素质，提高治理能力关键就是要全面提高中国人民思想道德素质和科学文化素质，特别是要提高党员干部的素质，因为建设适应现代化要求的高素质干部队伍是我国现代化事业健康发展的先决条件和根本保证。因此，在国家软实力建设过程中，通过提升国民的素质并通过大批高素质党员干部制定和执行先进高效的国家各项制度来为国家治理能力的现代化提供强大的人才支撑。

再次，国家软实力建设能为中国现代化建设提供精神动力和思想保证，成为凝聚和激励全国各族人民的重要力量。

国家软实力建设不仅能直接促进人的现代化，为中国的现代化建设和国家治理能力的现代化提供强有力的人才支撑，而且能为中国现代化建设提供精神动力和思想保证。国家软实力建设尤其是文化软实力建设，能够提高人们的思想道德素质，使人们在共同利益的基础上，形成共同理想和道德准则，为改革和建设提供精神动力；能够引导人们认同和接受社会主义基本经济制度和政治制度，以全面的、辩证的、发展的眼光看待发展中的社会主义，树立正确的世界观、人生观和价值观，坚定对社会主义的信念，增强民族自尊心、自信心、自豪感，从而为改革开放和现代化建设提供强有力的思想保证。

（四）国家软实力建设能够引领中国更好地融入国际社会，为塑造现代化大国身份和负责任的大国形象起到积极的促进作用

改革开放以来，中国的经济实力以前所未有的速度实现了大幅增长。当前，我国的经济总量已经仅次于美国，位居世界第二位，同时，我国的军事实力和科技实力也在不断提升。应该说，相比之下，我国的硬实力已

经相当强大。然而，中国要想成为真正的世界大国，不能只注重国家硬实力的积累和提升，不能只注重对物质利益的算计和追求，还应该把培育和提升国家软实力放在更加突出的地位，也就是说，中国大国地位的确立除了具有高速发展的经济、雄厚的军事实力、丰富的智力资源和科技潜力之外，还应该拥有为中国的世界大国身份提供精神力量和道德信念的文化底蕴。布热津斯基曾说过，世界大国地位的维持必须具有四个缺一不可的因素，即超强优势的军事、发挥火车头作用的经济、领先地位的科技和有感召力的文化。约瑟夫·奈也提出，冷战结束后一个国家的“硬权力”如军事力量、自然资源和其他有形力量在国家间竞争中的地位在下降，而以文化、知识体系、意识形态等要素组成的“软权力”的地位在明显上升。[①]因此，大力培育和提升中国国家软实力，尤其是提升中国文化软实力，是中国迈向世界大国的必然选择和历史使命。

为了更好地融入国际社会，尽可能减少和化解在中国快速发展进程中国际社会对中国产生的疑虑和敌意，就要培育为国际社会所认同的中国软实力，使中国在国际交往中体现世界正义、公正、进步和民主等反映人类文明进步的新理念、新要求，塑造负责任大国形象和构建现代大国身份。负责任大国形象不仅包括政府外交形象还包括民间外交形象；不仅涉及政治合作领域（反对霸权主义与强权政治）而且涉及经济交往（对外投资与对外经济援助）、社会沟通与文化交流（志愿者的国际教育活动、政府教育援助、免费或低费的孔子学院）等诸多领域；不仅包括世界贡献、特殊国际责任，还包括全球治理和区域治理，尤其是区域内的危机管理（经济危机、海啸等自然灾害的应对、艾滋病防治等）。[②] 这种大国形象和现代身份是获取国际社会和世界人民认同和敬仰，产生吸引力和感召力的道义前提和情感基础。

国家软实力建设能促使中国更好地融入国际社会、帮助中国塑造大国形象，这一作用在习近平总书记于2015年对美国进行的国事访问中表现得极为突出。习总书记在访美期间发表的几场重要演讲中，不仅巧妙借用美

---

① Joseph S. Nye Jr., *Bound to Lead*, *the Changing Nature of American Power*, New York: Basic Books, 1990, pp. 2—10.

② 郭树勇：《新国际主义与中国软实力外交》，《国际观察》2007年第3期。

国流行文化回应了敏感问题，还提到了他在青年时代读过的多部美国经典以及19、20世纪美国文学的代表人物，并提出了今后加强中美人文交流的一系列活动安排。[①] 这无疑向外界表明，中国对于不同的文化和文明是抱着开放和包容的态度去学习和借鉴的，这不仅极大地推动了中美两国在人文领域的合作，也表达了通过提升中国文化软实力融入国际社会的愿望。尤其值得一提的是，访美期间习总书记在联合国大会一般性辩论上发表的讲话中所提出的构建以合作共赢为核心的新型国际关系的倡议，不仅是对中国传统文化包容性和多样性特质的传承，也适应了当今世界需要打造一个人类命运共同体的发展需求，受到了与会各国的认同和赞扬。可以说，国家软实力建设能够引领中国更好地融入国际社会，为树立负责任的大国形象和塑造现代化大国身份起到积极的促进作用。

## 第二节　软实力与国家治理现代化

当今世界，在日趋激烈的综合国力竞争中，国家软实力的战略地位和作用日益凸显，并越来越成为提升国家综合实力的关键要素。中国作为发展中的社会主义国家，在实现国家硬实力快速增长的同时，必须把大力提升国家软实力作为国家建设中一项重要而紧迫的战略任务抓紧抓好。同时，我国社会转型和进一步深化改革也对国家治理提出了新要求。党的十八届三中全会不仅把推进国家治理体系和治理能力的现代化确定为全面深化改革的总目标，还确定了全面深化改革的时间表。面对日趋激烈的综合国力竞争和我国社会转型时期出现的新形势，既要提升国家软实力，也需要我们党和政府在国家治理过程中不断完善国家治理体系，提升治国理政能力。

### 一、国家治理现代化的提出

十八届三中全会上通过的《中共中央关于全面深化改革若干重大问题

① 《习近平主席对美国进行国事访问中方成果清单》，《人民日报》2015年9月26日。

决定》中明确提出，“全面深化改革的总目标是完善和发展中国特色社会主义制度，推进国家治理体系和治理能力现代化。”全面深化改革的总目标是在我国发展进入新阶段、改革进入攻坚期和深水区的新形势下提出的，具有复杂的现实条件和深刻背景。

（一）我国的社会转型对国家治理提出了新要求

改革开放30多年来，我国社会出现了很大变化。一是随着社会主义市场经济的发展，产生了新的社会阶层和新的职业群体，主要包括民营科技企业的创业人员和技术人员、受聘于外资企业的管理技术人员、个体户、私营企业主、中介组织从业人员、自由职业者等，这些新的社会阶层和职业群体在知识和财富增加的同时，政治参与意识也有所增强，对政府提供的公共产品和服务提出了新的更高要求。在这种情况下，政府需要提高自身服务水平，提供能够满足各阶层愿望和要求的公共产品。如果政府的治理能力不能随着形势发展的需要而有所提升，就会产生政府提供公共产品能力与新的政治诉求之间的落差，必然会招致人们对政府的不满。因此，完善国家治理体系和提升国家治理能力是适应这种新变化的必然选择。二是由于工业化、城市化、信息化、市场化、全球化的不断发展，我国正在经历从传统社会向现代社会，从农业、农村社会向工业、城市社会，从“熟人社会”向“陌生人社会”的转型，这种社会转型必然要求国家治理方式实现相应转变。与农业经济条件下农村中那种“熟人社会”主要靠“人治”的治理形式不同的是，工业化、城市化、信息化条件下的现代社会则需要以“法治”为主，更能体现人文关怀。可以说，我国的社会转型已经对国家治理提出了新要求，推进国家治理现代化就是对时代要求的及时回应。

（二）推进国家治理现代化是适应当代民主政治发展的趋势和潮流的需要

民主是人类政治文明发展的成果，也是世界各国人民的普遍要求。而民主政治的发展必然要改变以往那种以“统治”为主要特征的治理模式，实现从“统治”向“治理”的转变。当今世界，只要声称是民主国家，无论以何种具体的政治形式出现，无论在什么样的政治体制下，无论谁上台执政，无不希望自己的国家有良好的治理。“少一些统治，多一些治理”，这不仅是民主政治发展的必然要求，也是21世纪世界各国政治变革的重要特征。

我国是社会主义国家，要适应人类民主政治发展的客观趋势，批判地吸收和借鉴人类政治文明的积极成果和他国治理国家的有益经验，大力发展社会主义民主政治，建设社会主义政治文明，这不仅是我国现代化建设的重要目标之一，也是国家长治久安的根本保证。人民当家做主是我国社会主义民主政治的本质和核心要求，是社会主义政治文明建设的根本出发点和归宿。要创造各种有效的人民当家做主的民主形式，坚持依法治国，才能充分实现人民当家做主的权利。推进国家治理体系和治理能力现代化，不仅是我们党努力探索人民当家做主的有效民主形式的积极表现，也是适应当代民主政治发展的趋势和潮流的需要。

（三）国家治理体系和治理能力方面的不足凸显了推进国家治理体系和治理能力现代化的必要性和紧迫性

新中国成立以来，作为执政党，中国共产党在领导人民进行社会主义现代化建设的过程中，对于如何治理社会主义社会这样全新的社会，在实践中不断探索，积累了丰富经验，取得了重大成果。尤其是改革开放以来，我国在保持政治稳定、民族团结的前提下，实现了经济的快速发展和社会的和谐安宁，与同一时期世界上一些国家和地区持续不断的动乱局面形成了鲜明对照。这说明，我们的国家治理体系和治理能力总体上是好的，适应了我国国情和经济社会发展要求。但也要看到，随着我国经济社会不断向前发展，尤其是进入21世纪以来，我国的社会结构、价值取向和社会矛盾日益复杂多样，各种利益冲突日益明显，社会不公平现象突出，生态环境急剧恶化。这也说明，目前我国治理体系和治理能力还跟不上社会现代化的步伐，不能满足人民日益增长的经济政治文化需求，还存在许多亟待改进的地方，主要表现在国家制度体系还不完善，法制还不健全，有法不依、执法不严等现象还比较突出，各级干部的能力素质还不适应形势任务需要，社会参与、群众自治程度还不高，国家治理的制度化、规范化、程序化水平有待提高。鉴于我们在国家治理体系和能力方面面临诸多新问题和新挑战，需要在进一步的改革和发展中创新治理国家和社会的新的体制与机制，以便更加有效地治理国家。

（四）当前我国全面深化改革的新形势、新任务对国家治理提出了新要求

我国的改革，在过去全民达成普遍共识的情况下曾经给我国注入了强劲活力，成为推动我国经济社会发展的强大动力，也使我国社会主义制度不断完善和发展。然而，不可否认，在我国社会主义市场经济发展的过程中，出现了不同的利益群体，他们在对待改革问题上有不同的考量和态度，甚至存在着阻挠改革的思潮和势力，加上影响我国发展的僵化体制机制障碍依然存在，使我国当前的改革步履维艰。这说明我国当前的改革出现了新的矛盾和问题，面临着新形势和任务，改革已进入了攻坚期和深水区。要继续深化改革，就必须冲破思想观念的障碍、突破利益固化的藩篱，更加注重从制度上解决问题，也就是从制度改革、制度创新和制度建设等方面推进国家治理体系和治理能力现代化，增强改革的系统性、整体性和协同性，着力构建充满活力、富有效率、更加开放的体制与机制，为发展中国特色社会主义提供强大动力和体制保障。

## 二、国家治理现代化的内涵、特征及其评估

“治理”是20世纪90年代才被西方学者提出并加以广泛使用的政治概念。西方的“治理”概念及其理论，主张社会自我治理，强调政府放权和向社会授权，实现多主体、多中心治理以及社会组织与政府的平等共治。中国传统政治文化中虽然没有西方现代意义上的“治理”概念，但治国理政却是中国传统政治文化的重要命题，统治者的政治实践往往被描述为治理国家和处理政务。

中国共产党人主要是从中国特色社会主义民主政治发展的意义上运用“治理”这一概念的，既汲取了中国传统政治文化治国理政的有益成分，又借鉴了西方国家关于“治理”理论和实践方面有价值的成分，其基本含义就是党领导人民依照法律规定，通过各种途径和形式，管理国家和社会各方面事务，管理经济和文化事业。

一般说来，国家治理包括国家治理体系和治理能力两个方面的内容，是一个国家制度建设和制度执行力的集中体现。就我国而言，国家治理体

系主要是指党领导人民治理国家的制度体系，包括人民代表大会制度这一保证人民当家做主的根本政治制度，中国共产党领导的多党合作与政治协商制度、民族区域自治制度、基层群众自治制度等基本政治制度，公有制为主体、多种所有制经济共同发展的基本经济制度，中国特色社会主义法律体系，以及经济、政治、文化、社会、生态文明建设和党的建设等各领域的体制机制、法律法规等。这些构成了一整套紧密相连、相互协调的国家制度，是党领导人民治理国家的基本依托。

国家治理能力则是指运用制度体系管理国家和社会各方面事务、管理经济和文化事业的能力，也就是制度执行力。这种能力不仅体现在改革发展稳定、内政外交国防、治党治国治军等方面，也体现在维护国家安全利益、应对重大突发事件、处理各种复杂国际事务等各个方面。

国家治理体系与治理能力二者之间是相辅相成、密不可分的。一方面，治理体系是治理能力形成的基础，治理能力的提升有赖于治理体系的建构；另一方面，治理能力彰显治理体系的功能，治理能力强大是治理体系完备的表现，只有不断提升治理能力才能充分发挥治理体系的效能。

作为全面深化改革总体目标的内容，推进国家治理体系和治理能力的现代化，就是在完善和发展中国特色社会主义制度的前提下，在中国共产党领导下，优化和创新国家治理的主体格局、体制机制和流程环节，使国家治理体系制度化、规范化、程序化和科学化，提升治国理政的能力，使国家治理者善于运用科学思维、民主思维和法治思维等，善于依靠法律制度来治理国家，从而把我国的根本制度与基本制度内含的巨大能量和活力充分释放出来，使中国特色社会主义的制度优势转化为治理国家的效能。

一个国家的治理体系是否现代化，至少有五个方面的特征。一是公共权力运行的制度化和规范化，它要求政府治理、市场治理和社会治理有完善的制度安排和规范的公共秩序。二是民主化，即公共治理和制度安排都必须保障主权在民或人民当家做主，所有公共政策要从根本上体现人民的意志和人民的主体地位。三是法治，即宪法和法律成为公共治理的最高权威，在法律面前人人平等，不允许任何组织和个人有超越法律的权力。四是效率，即国家治理体系应当有效维护社会稳定和社会秩序，有利于提高行政效率和经济效益。五是协调，现代国家治理体系是一个有机的制度系统，从中央到地方各个层级，从政府治理到社会治理，各种制度安排作为一个统一的整体相互协调，密不可分。其中，民主是现代国家治理体系的本质特征，是区别于传统国家治理体系的根本所在。①

国家治理现代化有两大评估维度：一是建立强有力的国家，提高国家满足社会期望的能力。这是国家治理能力现代化评估的维度。二是建立公众可问责的国家，实现公民及公民社团政治参与的制度化。这是国家治理制度体系现代化评估的维度。②

实际上，国家治理体系现代化程度是国家治理制度体系的民主化、法治化程度。大致包括公民民主权利的有效保障、公民个人安全与国家安全的有效保护、社会福利水平的普遍提高、社会共识的普遍达成和社会凝聚力的大幅提升等几个方面。当然，国家治理制度体系现代化程度还应结合国家治理过程和国家治理结果来衡量，也就是要以是否建立起以透明、参与、法治、公正、效益、回应、责任、廉洁、稳定等现代善治基本价值为评估维度的评估框架进行动态化测量。③

总之，国家治理体系和治理能力的现代化特征及其评估问题反映着全面深化改革目标的实现程度。推进国家治理体系和治理能力现代化意味着中国特色社会主义制度优势将更好地转化为管理国家的效能，意味着我国将进一步摆脱传统人治社会的影响，大踏步向现代法治社会迈进。

## 三、软实力建设与国家治理现代化的内在一致性

软实力建设与国家治理现代化互为表里，具有内在一致性。

### （一）国家软实力建设可以为国家治理体系的现代化提供坚实的制度支撑

制度软实力是国家软实力的重要组成部分，国家制度软实力直接体现为制度的合法性、先进性、优越性和吸引力。党的十八届三中全会确定的全面深化改革的总目标是完善和发展中国特色社会主义制度，推进国家治

---

① 俞可平：《六个方向推进现代国家治理》，《21世纪经济报道》2014年1月6日。

② 何增科：《国家治理现代化及其评估》，《学习时报》2014年1月13日。

③ 何增科：《国家治理现代化及其评估》，《学习时报》2014年1月13日。

理体系和治理能力现代化。作为国家软实力的重要组成部分的制度软实力直接对应着国家治理体系现代化所要求的各项制度。在推进国家治理体系现代化的过程中，要凸显中国特色社会主义制度优势，把已经建立起来的符合我国国情并在实践中证明是行之有效的各项国家制度作为党领导人民治理国家的基本制度依托，同时，要适应时代发展变化，改革不适应实践发展要求的体制与机制、法律与法规，不断创造和建设更先进、更优越的社会制度，通过不断增强国家制度软实力使国家治理体系的现代化获得坚实的制度支撑，将中国特色社会主义制度优势更好地转化为管理国家的效能，达到实现国家长治久安的目的。

（二）国家软实力建设能为国家治理能力的现代化提供强大的人才支撑

国家软实力建设不仅能为中国的现代化建设提供强有力的人才支撑，也能为国家治理能力的现代化提供强大的人才支撑。党的十八届三中全会在《中共中央关于全面深化改革若干重大问题的决定》中提出的全面深化改革的总目标不仅包括推进国家治理体系的现代化，还包括国家治理能力现代化。国家治理能力，就是运用国家制度管理国家事务和社会事务、管理经济和文化事业的能力，也就是制度执行力。这种能力体现在改革发展稳定、内政外交国防、治党治国治军等各个方面。而治理能力的关键是人的素质，提高治理能力的关键就是要全面提高中国人民的思想道德素质和科学文化素质，特别是要提高党员干部的素质，因为建设适应现代化要求的高素质干部队伍是我国现代化事业健康发展的先决条件和根本保证。国家软实力建设通过提升国民的素质并通过大批高素质党员干部制定和执行先进高效的国家各项制度，为国家治理能力的现代化提供强大的人才支撑。

总之，国家治理体系和治理能力现代化不仅本身包含着许多软实力因素，也体现了国家软实力建设的本质要求。可以说，国家治理现代化与软实力建设是高度契合的。

## 四、加强国家软实力建设，推进国家治理体系和治理能力现代化

在我国发展进入新阶段、改革进入攻坚期和深水区的新形势下，针对

我国当前实际，需要从国家软实力建设的视角探讨有助于推进国家治理体系和治理能力现代化的有效途径，按照软实力建设的要求把握并找准推进国家治理体系和治理能力现代化的着力点，加快推进制度建设，不断提升国家治理能力。

（一）尽力完善国家治理的制度体系

制度软实力是国家软实力的重要组成部分。国家软实力建设，一个重要的内容就是加强制度软实力建设，以不断增强制度的合法性、先进性、优越性和吸引力。而良好的国家治理，制度是决定性的。1980 年邓小平同志在《党和国家领导制度的改革》中强调指出，制度问题更带有根本性、全局性、稳定性和长期性。科学合理的制度体系既是治理能力现代化的前提，又是现代化治理能力的产物，对于国家治理的现代化具有决定性作用。国家治理体系是否现代化的一个重要标准就是公共权力运行是否制度化和规范化，这就要求政府治理、市场治理和社会治理都必须有完善的制度安排和规范的公共秩序。

在国家制度建设方面，一是要加强顶层设计，要从战略上谋划国家治理体系的现代化，从中央宏观层面把握各个领域的改革方案的总体考虑和通盘规划，加强对治理体制改革的领导和指导；二是不断改革那些不适应实践发展要求的体制与机制，坚决破除那些阻碍社会进步的体制与机制，使各方面制度更加完善、更加成熟、更加定型，使现有的制度在国家治理中都能发挥其应有的实际效能；三是总结国家治理实践中的有益经验，包括总结地方治理改革创新的新经验和新做法，及时将行之有效的成熟的治理经验制度化；四是结合我国的具体国情，学习借鉴国外政府在国家治理方面的先进经验。例如，政策制定过程中的“听证制度”、服务型政府建设中的“一站式服务”、各种“公示制度”以及责任政府建设的“行政问责”制度等。通过以上各个环节和层面的制度建设，逐步在我国建立起系统完备、科学规范、运行有效的制度体系，实现党、国家、社会各项事务治理制度化、规范化、程序化。在完善我国制度体系的同时，还应注重优化制度体系的内部结构。即通过不同制度之间的紧密衔接、相互配合，整体发挥制度的行为规范、利益整合和关系协调作用，确保制度的组成部分和构成要素围绕既定目标协调运行，尽力把我国制度体系的优势转化为国家治理的最大实际效能。

（二）提升国家治理主体的素质

国民素质是构成国家软实力的一个重要因素，因为一个国家文化、科技、制度和意识形态方面的软实力以及通过其他形式表现出来的软实力最终都是由人的素质和能力体现出来，国民素质所表现出来的凝聚力、创造力、意志力和亲和力是一个国家或一个民族的最根本的软实力。相对于国家治理而言，建设适应现代化要求的高素质的干部队伍不仅有利于制定科学合理的各项制度，而且能提高他们执行各项制度的自觉性、坚定性和执行力，这是保证国家治理能力现代化的关键。但由于治理主体的多元性，国家治理的现代化不仅需要有一支高素质的干部队伍，而且需要造就掌握现代科技文化知识和具有现代公民意识的人民大众。依照我国宪法，国家一切权力属于人民，人民是国家治理的主体。推进国家治理现代化，必须坚持人民主体地位，发挥人民主人翁精神。因此，高素质的公民尤其是政治参与意识比较强的现代公民，也是国家治理能力现代化的重要基础和保障。

在国家治理体系中，执政党与政府是最重要的治理主体。提升党员干部的素质尤其重要而且刻不容缓。当前我国官本位主义流毒在现实中还大量存在，在一些领域和地方官本位现象甚至有愈演愈烈的趋势，这与建立在公民权利本位之上的现代政治文明和现代国家治理是格格不入的。要加强对广大公民特别是各级党政官员进行民主、自由、平等、公正、法治、和谐等社会主义核心政治价值观的教育，培育公民意识，破除权力崇拜，牢固树立公民权利至上的观念。

（三）依法治国，加强社会主义法制建设

对于我国来说，国家软实力建设不仅要建立系统完备、科学规范、运行有效、有吸引力的中国特色的社会主义制度体系以及提升中华民族的科技文化素质和思想政治素质，还应确保整个国家和社会的稳定、和谐、有序和充满活力。这就需要依法治国，加强社会主义法制建设。而法治又是现代国家治国理政的基本方式。改革开放以来，我国大力推进国家法制建设，已经基本形成中国特色社会主义法律体系，依法治国基本方略得到有效实施，社会主义法治国家建设取得重要进展，但是在现实生活中有法不依、知法犯法、贪赃枉法的现象依然严重，人们的法制意识依然不强，传统人治社会的影响依然广泛而深刻地存在。与那些率先实现现代化的民主国家相比，我国在许多领域中的现代化“硬件”设施已经赶上甚至超过了它们，而差距主要存在于“软件”方面，特别是法治方面，也就是我国国家治理的法制化、规范化、程序化水平还远远落后于发达国家。应该说，西方社会的文明，很大程度上是通过法治“管”出来的。而推进国家治理体系和治理能力现代化则意味着我国将进一步摆脱传统人治社会的影响，大踏步走向现代法治社会。因此，按照软实力建设的要求，依法治国，加强社会主义法制建设应该是我国推进国家治理体系和治理能力现代化的又一重要着力点。

依法治国，就是广大人民群众在党的领导下，依照宪法和法律规定，通过各种途径和形式管理国家和社会的各项事务，保证国家各项工作都依法进行，逐步实现社会主义民主的制度化、法律化，使这种制度和法律不因领导人的改变而改变，不因领导人看法和注意力的改变而改变。在推进国家治理体系和治理能力现代化过程中，把坚持党的领导、人民当家做主、依法治国三者有机地统一起来，这是我们必须坚持的根本原则。

针对我国社会主义法制建设中存在的各种问题，一是要提升人们的法律意识和法制观念，清除传统的人治思想毒瘤，让违法必究的铁律深入人心；二是建立健全能够覆盖各种社会关系、规范各种社会行为的各方面制度，使人们生产生活的方方面面都有法律约束；三是采取有力措施确保法律效力的普遍性和有效性，尽量排除和杜绝立法、执法、司法、守法和法律监督中的随意性、偶然性和腐败现象，坚持公民在法律面前一律平等，维护社会公平正义，绝不允许任何组织和个人有超越宪法和法律的特权，维护社会主义法制的统一、尊严、权威；四是学习借鉴西方国家的法治经验，把那些率先实现现代化的民主国家在法治实践中积累的许多成熟经验和成功做法，经过我们的科学扬弃后为我所用。只有通过坚持不懈的努力去贯彻实施依法治国基本方略，加强社会主义法制建，才能使我国真正实现从传统人治社会向现代法治社会转变，不断推进我国国家治理体系和治理能力现代化。

# 第四章　“四个自信”与国家软实力

党的十八大要求全党要坚定中国特色社会主义道路自信、理论自信、制度自信；在庆祝中国共产党成立95周年大会上，习近平总书记提出，坚持不忘初心、继续前进，就要坚持中国特色社会主义道路自信、理论自信、制度自信、文化自信。这“四个自信”与国家软实力有密切关系。坚定道路自信、理论自信、制度自信、文化自信是国家软实力建设和顺利推进社会主义现代化事业的重要保障。国家软实力竞争在一定程度上是道路之争、理论之争、制度之争和文化之争，要把坚定中国特色社会主义道路自信、理论自信、制度自信、文化自信作为提升国家软实力的重要途径。

## 第一节　坚定“四个自信”的重要性

道路、理论、制度、文化对中国未来发展极为重要。因为在先进文化引领下和科学理论指导下建立起来的制度及确定的发展道路不仅关乎党的命脉，也关乎国家前途、民族命运、人民幸福。在改革开放三十多年一以贯之的接力探索中，我们坚定不移地高举中国特色社会主义伟大旗帜，既不走封闭僵化的老路、也不走改旗易帜的邪路，不断推进实践创新、理论创新、制度创新、文化创新，形成了中国特色社会主义道路、中国特色社会主义理论体系、中国特色社会主义制度、中国特色社会主义先进文化。十八大报告明确指出，中国特色社会主义道路，中国特色社会主义理论体系，中国特色社会主义制度，是党和人民九十多年奋斗、创造、积累的根本成就，必须倍加珍惜、始终坚持、不断发展。十八大以来，习近平也多次指出文化建设对实现中国梦的重要作用，一再强调要坚持走中国特色社会主义文化发展道路，努力建设社会主义文化强国。中国特色社会主义道路，就是在中国共产党领导下，立足基本国情，以经济建设为中心，坚持四项基本原则，坚持改革开放，解放和发展社会生产力，建设社会主义市场经济、社会主义民主政治、社会主义先进文化、社会主义和谐社会、社会主义生态文明，促进人的全面发展，逐步实现全体人民共同富裕，建设富强民主文明和谐的社会主义现代化国家。中国特色社会主义理论体系，就是包括邓小平理论、“三个代表”重要思想、科学发展观等在内的科学理论体系，是对马克思列宁主义、毛泽东思想的坚持和发展。中国特色社会主义制度，就是人民代表大会制度的根本政治制度，中国共产党领导的多党合作和政治协商制度、民族区域自治制度以及基层群众自治制度等基本政治制度，中国特色社会主义法律体系，公有制为主体、多种所有制经济共同发展的基本经济制度，以及建立在这些制度基础上的经济体制、政治体制、文化体制、社会体制等各项具体制度。中国特色社会主义文化就是面向现代化、面向世界、面向未来的民族的科学的大众的社会主义文化。中国特色社会主义道路是实现途径，中国特色社会主义理论体系是行动指南，中国特色社会主义制度是根本保障，中国特色社会主义文化是当代中华民族的血脉、中国人民的精神家园和中国共产党的精神旗帜。四者统一于中国特色社会主义伟大实践，这是党领导人民在建设社会主义长期实践中形成的最鲜明特色。为此，党的十八大要求全党要坚定中国特色社会主义道路自信、理论自信、制度自信；在庆祝中国共产党成立95周年大会上习近平总书记强调在坚持中国特色社会主义道路自信、理论自信、制度自信的同时，又提出了坚持中国特色社会主义文化自信的要求，使“三个自信”发展成为“四个自信”。坚定“四个自信”不仅可以确保我国发展道路不会偏离社会主义方向，而且可以超越存在严重弊端的苏联社会主义模式，扭转苏东剧变给社会主义发展带来的不利局面；坚定“四个自信”可以确保我国在与资本主义比较竞争中凸显社会主义制度优势，并且为其他经济文化相对落后的国家探索符合自己国情的发展道路提供重要借鉴；同时，坚定“四个自信”，还可以在吸收借鉴古今中外优秀文化成果的基础上大力发展社会主义先进文化，不断推进中国特色社会主义文化大发展大繁荣。可以说，坚定“四个自信”不仅是确保社会主义事业健康发展的重要条件，也是今后推动社会主义事业进一步向前发展的动力。

## 一、确保我国发展道路不会偏离社会主义方向

坚定“四个自信”尤其是坚定中国特色社会主义道路自信可以确保我国发展道路不会偏离社会主义方向。

我国是在近代资本主义发展很不充分、经济政治文化都比较落后的条件下，经过新民主主义革命和社会主义革命最终走上社会主义发展道路的，这种低起点的社会主义不仅说明了我国在进入社会主义社会时所处的环境与马克思主义经典作家所设想的条件完全不同，而且也决定了我国必须走出一条与其他社会主义国家不同的社会主义建设道路。这就要求在建设社会主义的实践中必须从我国具体国情出发，根据中国所处的具体环境和时代要求，走出一条适合中国实际的社会主义发展道路。具体而言，在我国生产力还不发达、经济政治文化发展还不充分的社会主义初级阶段，还只能逐步建设初级阶段的社会主义。这种社会主义不但不能急于消灭私有制，而且还要在巩固和发展在全国占主体地位的社会主义公有制的同时，毫不动摇地鼓励、支持和引导非公有制经济的发展，逐步建立和完善社会主义市场经济体制，把个体、私营等各种形式的非公有制经济作为社会主义市场经济的重要组成部分，以充分发挥各种经济成分的积极作用。我国已进入全面建成小康社会和全面深化改革开放的历史新时期，党的十八大科学地部署了我国今后社会主义建设五位一体的战略任务，即：不断完善社会主义市场经济体制，加快转变经济发展方式；积极稳妥推进政治体制改革，建设社会主义民主政治；发展社会主义先进文化，扎实推进社会主义文化强国建设；在改善民生和创新社会管理中构建社会主义和谐社会；在节约资源和保护环境中建设社会主义生态文明。新时期我国社会主

义建设面临的新形势和新任务更明确地说明，我国的社会主义已大大超越了马克思主义经典作家所确定的社会主义范畴，更加清晰地凸显了社会主义的中国特色。

然而，中国特色社会主义发展道路并不意味着我们可以背离社会主义基本原则，甚至可以偏离社会主义发展方向。因此，走中国特色社会主义道路必须毫不动摇地坚持社会主义发展方向，体现社会主义的基本原则。具体来说，在经济基础方面，中国特色社会主义道路要坚持公有制的主体地位，实行以按劳分配为主体的收入分配制度，在不断增加生产力总量的基础上尽快改善人民生活，充分体现共同富裕的社会主义本质要求；在政治上层建筑方面，坚持四项基本原则，保证人民当家做主的政治权利，依法治国，发展社会主义民主政治；在文化方面，以马克思主义为指导，发展社会主义先进文化，推进文化强国建设；在社会建设领域，坚持以人为本，不断改善民生，构建社会主义和谐社会，逐步实现每个人自由而全面的发展；在环境建设领域，实施可持续发展战略，建设生态文明，实现人与自然和谐相处，创建美丽中国。

总之，中国特色社会主义道路在坚持科学社会主义基本原则的前提下赋予了我国社会主义鲜明的实践特色、民族特色和时代特色，是更加切合中国实际的社会主义，有利于中国向更高的社会主义方向发展。走中国特色社会主义道路的历史证明，如果离开科学社会主义的指导，中国社会主义不可能保持正确的前进方向，而如果离开中国实际和时代特征来谈科学社会主义，既没有意义，也没有前途。在当代中国，坚持中国特色社会主义道路，就是真正坚持科学社会主义的道路。可以说，坚定“四个自信”尤其是坚定中国特色社会主义道路自信，对于确保我国沿着社会主义方向发展，促进社会主义事业健康发展具有重要意义。

## 二、扭转苏东剧变给社会主义发展带来的不利局面

坚定“四个自信”可以超越存在严重弊端的苏联社会主义模式，扭转苏东剧变给社会主义发展带来的不利局面，代表了今后世界社会主义的发展方向。

苏联是第一个社会主义国家，在其社会主义建设过程中形成的经济上高度集中、政治上高度集权的政治经济发展模式被称为苏联模式。这种模式在社会主义建设初期或发生国内外战争的条件下能在短时期内集中全国的人力、物力和财力发展经济和取得战争的胜利，但它不能适用于长期和平时期的社会主义建设。第二次世界大战后，随着国际和国内形势的显著变化，需要对这种模式进行变革，但苏共领导人对变革原有模式的重要性和紧迫性认识不足，依然认为社会主义的本质就是公有制和计划经济，因而不断强化阶级斗争而忽视发展生产力。在战后几十年的时间里，苏联虽然也进行过有限的改革，但都因为没有理论创新和体制上的突破而收效甚微。在危机不断加深的情况下使改革转向，最终导致了苏联解体和社会主义制度的剧变。苏联模式不仅导致了苏联解体，而且，作为社会主义榜样加以固守并被强行推广到东欧社会主义国家的苏联模式同样使这些国家早于苏联发生了剧变，纷纷倒退到了资本主义一边。20 世纪 80 年代末 90 年代初的苏东剧变，不仅标志着以僵化了的苏联模式为内容的苏联社会主义发展道路走进了死胡同，也意味着世界社会主义运动遭遇到极其严重的挫折，使社会主义在与资本主义的竞争中处于不利地位。

我国在开始建设社会主义的时候，也曾经搬用过苏联社会主义建设的模式，一度实行高度集中的计划经济体制。尽管这一体制曾为我国社会主义工业化奠定了初步基础，但在长期的社会主义建设过程中，这种并不完全适合中国国情的体制弊端逐步暴露出来。毛泽东早在 1956 年苏共二十大以后就提出要“以苏为鉴”，进行马克思主义与中国实际的第二次结合，以期找到在中国进行社会主义革命和建设的正确道路。邓小平在领导中国改革开放和现代化建设的实践中，注重总结国内外社会主义建设的经验教训，更加强调要从中国的实际出发，开辟一条适合自己国情的社会主义的正确建设道路。他明确指出：“我们过去照搬苏联搞社会主义的模式，带来很多问题。我们很早就发现了，但没有解决好。我们现在要解决好这个问题，我们要建设的是有中国特色的社会主义。”①

超越苏联模式，决心走出一条适合自己国情的社会主义发展道路和发

① 《邓小平文选》第 3 卷，人民出版社 1993 年版，第 261 页。

展模式的中国，自党的十一届三中全会便开始了以改革开放为主要特征的中国特色社会主义建设。近40年的改革开放和现代化建设，中国共产党始终立足于国情，解放思想、实事求是、与时俱进、求真务实，不断探索和发展适合我国国情的社会主义经济建设、政治建设、文化建设、社会建设的有效途径和方法，使中国特色社会主义建设取得了举世瞩目的伟大成就。针对当年苏东剧变对我国社会主义造成的严重冲击，邓小平更加坚定地指出：“一些国家出现严重曲折，社会主义好像被削弱了，但人民经受锻炼，从中吸取教训，将促使社会主义向着更加健康的方向发展。因此，不要惊慌失措，不要认为马克思主义就消失了，没用了，失败了。哪有这回事！”① 今天，我国改革开放和社会主义现代化建设所取得的辉煌成就不仅充分印证了当年邓小平预见的正确性，也充分说明中国特色社会主义道路、理论体系、社会制度是唯一适合中国的发展道路和发展模式。可以说，中国共产党和中国人民正以更加昂扬自信的姿态阔步走在中国特色社会主义道路上，表现出更加乐观的道路自信、理论自信、制度自信和文化自信，具有无限光明前景的中国特色社会主义不仅扭转了苏东剧变给世界社会主义发展造成的不利局面，而且也代表着今后世界社会主义发展方向。

## 三、确保在与资本主义的比较竞争中凸显社会主义制度优势

一个国家走什么样的发展道路，采取怎样的发展模式，应由每个国家根据所处的时代条件和具体国情自主决定，没有统一的固定制度安排和模式选择。但一国成功的发展道路和发展模式可以为他国提供有益的借鉴。

改革开放以前，我们曾一度离开生产力抽象地谈论社会主义，把社会主义看成是一种对资本主义的道德批判和政治革命，而没有认识到社会主义优越于资本主义的地方在于能够有利于解放和发展生产力，能够更好更快地推动现代化建设。这种忽视生产力发展和在对社会主义与现代化关系方面的错误认识，使我们把许多在社会主义条件下有利于生产力发展的东

① 《邓小平文选》第3卷，人民出版社1993年版，第383页。

西当作“资本主义复辟”加以反对，致使社会主义与现代化内在共生关系被隔断，也使中国社会主义现代化建设没有跟上20世纪中期以来的世界现代化潮流。当然，中国的发展道路和发展模式也绝不是西方工业化发展模式在中国的翻版，我们不走西方资本主义国家曾经走过的现代化老路，而是与社会主义相结合，在对社会主义本质的科学把握中进一步加深对我国社会主义现代化建设规律的认识。认识上的不断深化和实践中的不懈探索，使我们最终走出了一条适合中国国情的成功发展之路。

概括起来，我国建设中国特色社会主义的成功经验包括以下几个方面：第一，我国从一开始就选择并逐步成功地走出了一条只能通过社会主义而非资本主义来实现国家现代化的道路。第二，在发展社会主义市场经济的过程中，正确处理政府与市场关系，把政府和市场作为两种配置资源的手段，既能充分发挥社会主义制度的优越性，又可以充分利用市场经济对发展生产力的积极作用。第三，面对全球化的机遇与挑战，坚持独立自主和对外开放相结合，既主要依靠自身努力实现国家发展目标，又要通过在与当代资本主义国家的交流合作中加快我国现代化进程。第四，在实现社会主义工业化过程中必须吸取过去资本主义工业化的教训，坚持走中国特色新型工业化道路，节约资源，保护环境，做到人与自然的和谐相处。①第五，中国社会主义现代化道路是和平发展之路，绝不会像历史上资本主义国家崛起那样靠对外侵略扩展和野蛮掠夺来实现。中国始终不渝地奉行独立自主的和平外交政策，高举和平、发展、合作的旗帜，力争与世界各国人民一道，共同推进建设一个持久和平、共同繁荣的和谐世界。

中国特色社会主义的优势尤其表现在成功应对国际金融危机的影响方面。2008年下半年以来，我国受到了国际金融危机的严重影响，面对危机冲击，中国政府迅速出台了一系列有针对性地促进经济发展的宏观调控措施，使经济保持了平稳较快发展，成为自国际金融危机以来一直保持显著增长的唯一经济体。

与中国特色社会主义形成鲜明对比的是，西方资本主义国家发展弊端

① 俞思念、周波：《社会主义现代化：当代中国的伟大创造》，《江苏大学学报》（社会科学版）2011年第5期。

日益显现。一段时间以来，美国经济低迷不振，日本陷入发展陷阱长期不能自拔，欧洲主权债务危机持续恶化，资本主义国家国内阶级对立日益尖锐，社会矛盾激化，各种丑闻不断。种种困境和乱象表明，在国际金融危机的沉重打击下，西方国家正经历着自第二次世界大战以来最深刻的制度性危机；更为糟糕的是，目前西方国家还没有找到有效解决问题、走出困境的对策和出路。事实表明，金融危机带给整个西方世界的，不仅仅是经济问题，而且包含了政治问题、社会问题和国家发展道路和方向等方面更深层次的问题。在金融危机的强力冲击下，西方国家一直引以为荣并且不遗余力向他国推销的经济、政治和社会发展道路和发展模式，早已风光不再。因此，坚定“四个自信”就可以确保在与资本主义比较竞争中凸显社会主义制度优势。

在西方资本主义国家发展弊端日益显现的同时，我们也看到，在西方自由主义思潮的影响下，一些被西方国家强力推行或盲目照搬西方政治经济制度的非西方国家，在推行新自由主义政策、走资本主义道路的过程中呈现出严重水土不服现象，制度破而不立，经济停滞、民生凋敝、政局动荡、社会溃败，不仅损耗了国家实力，丧失了国家未来发展的机遇，也破灭了民众对美好生活的憧憬。这些都充分说明，西方的政治经济制度、发展道路和发展模式并不具有普世性，反而会使那些照搬西方制度、道路和模式的国家陷入严重的发展误区。深刻的教训会让一些发展中国家明白，走西方强加给它们的发展道路是一条走不通的死胡同，必须从自己的实际国情出发探索出一条适合自身发展的道路。

在西方国家发展呈现严重弊端和一些非西方国家因效仿西方而出现困局的情况下，中国却因坚持中国特色社会主义道路使经济保持了平稳较快发展，在世界经济复苏乏力的背景下一枝独秀。因此，我们应更加坚定“四个自信”不仅可以增强他国对我国发展道路的认同感，而且可以增强我国制度和理论体系的吸引力和影响力以及文化发展活力，为其他经济文化相对落后的国家探索符合自己国情的发展道路和发展模式提供重要借鉴，这就为我国社会主义建设提供了良好的外部条件，从而更好地促进社会主义事业的健康发展。

## 四、确保我国在经济发展的同时不断提升国民的思想文化素质

坚定“四个自信”可以确保我国在经济发展的同时不断提升国民的思想文化素质，更好推进我国经济社会持续健康发展。

自1978年以来，中国共产党团结带领中国人民开启了改革开放的历史新时期，这场决定当代中国命运的伟大革命，极大激发了广大人民群众的创造性，极大解放和发展了社会生产力，极大增强了社会发展活力，不仅使国家的综合国力显著增强，国际地位显著提高，也使全国人民的生活水平有了显著提升。然而，我们看到，随着我国经济的快速增长和国家经济实力的显著增强，国民的思想文化素质并没有相应提升，甚至在某些领域还出现了令人担忧的情况，这就会严重影响和阻碍我国经济社会的持续健康发展。这说明，国家经济的发展和人们物质生活条件的改善并不必然带来全民思想文化素质的相应提升，而要推进经济社会的持续健康发展，就必须在通过大力发展经济以满足广大人民群众日益增长的物质需求的同时，加大思想政治教育力度，大力推动社会主义文化事业的繁荣发展，通过思想政治文化建设来提升国民的精神境界和思想道德素质，而坚定中国特色社会主义的道路自信、理论自信、制度自信、文化自信则是提升国民的思想文化素质的重要途径。

事实上，关于在经济建设中加强思想政治文化建设的重要性，毛泽东早在民主革命时期就曾指出，任何社会没有文化就建设不起来，革命的目的就是不但要把一个政治上受压迫、经济上受剥削的中国，变为一个政治上自由和经济上繁荣的中国，而且要把一个被旧文化统治因而愚昧落后的中国，变为一个被新文化统治因而文明先进的中国。[①] 邓小平在改革开放和现代化建设的过程中始终强调物质文明和精神文明要“两手抓，两手都要硬”，要在建设高度的物质文明的同时，建设高度的社会主义精神文明。21世纪以来，随着改革开放的深入和对社会主义建设规律认识的深化，思想政治文化建设被摆在更加突出的位置，党的十七届六中全会提出了“坚

---

① 《毛泽东选集》第2卷，人民出版社1991年版，第663页。

持中国特色社会主义文化发展道路，努力建设社会主义文化强国”的战略目标。习近平总书记在庆祝中国共产党成立95周年大会上再次明确指出，面向未来，面对挑战，坚持不忘初心、继续前进，就要坚持中国特色社会主义道路自信、理论自信、制度自信、文化自信，坚持党的基本路线不动摇，不断把中国特色社会主义伟大事业推向前进。

总之，中国特色社会主义道路、理论、制度、文化作为中国共产党和中国人民基于国家长远发展而作出的正确选择，在中国社会主义建设过程中越来越显示出其优越性和适合中国未来发展的合理性。对此，中国共产党和中国人民表现出坚定的道路自信、理论自信、制度自信、文化自信，这不仅是确保社会主义事业健康发展的重要条件，也是中国特色社会主义事业能够取得胜利的可靠保证。当然，还必须清醒地看到，建设中国特色社会主义至今尚未完成，我国还面临着十分繁重的发展任务，尤其在当前已经发生重大变化的国内国际形势下，需要我们不断地深化改革，积极探索有利于国家长远发展的有效途径和方式。只有豪迈地、坚持不懈地沿着党和人民在长期实践中开辟出来的中国特色社会主义道路走下去，不为任何风险所惧，不为任何干扰所惑，始终坚定中国特色社会主义道路自信、理论自信、制度自信、文化自信，顽强拼搏、艰苦奋斗，才能完成党的十八大制定的各项目标任务，早日实现中华民族伟大复兴的中国梦。

## 第二节 “四个自信”之源探析

党的十八大不仅对中国特色社会主义道路、中国特色社会主义理论、中国特色社会主义制度进行了高度概括，而且要求全党要坚定中国特色社会主义道路自信、理论自信、制度自信；在庆祝中国共产党成立95周年大会上习近平总书记强调在坚持中国特色社会主义道路自信、理论自信、制度自信的同时，又增加了坚持中国特色社会主义文化自信的新要求，使“三个自信”发展成为“四个自信”。那么，为什么我们要坚定这样的自信，坚持这“四个自信”的根据和信心在哪里？

## 一、源于对我们党的理论自信

“四个自信”首先源于对我们党的理论自信。中国共产党作为率领中国人民走中国特色社会主义道路的领导力量，始终高度重视理论建设，把思想理论建设当成党的根本性建设来对待，不断推动实践基础上的理论创新。在改革开放实践中，我们党坚持把马克思主义基本原理同中国的实际和时代特征相结合，解放思想、实事求是、与时俱进、求真务实，不断深化对共产党执政规律、社会主义建设规律、人类社会发展规律的认识，形成和发展了包括邓小平理论、“三个代表”重要思想以及科学发展观等重大战略思想在内的中国特色社会主义理论体系。中国特色社会主义理论体系，作为马克思主义中国化最新成果，是党最可宝贵的精神财富，凝结了几代中国共产党人带领人民治国理政的经验和智慧，成为引领中国特色社会主义事业不断发展的科学理论。

在中国，一种理论能否成为中国人民的信仰和国家发展的指导思想，就要看这种理论能否对维护国家主权、民族独立、人民自由和实现国家富强、民族复兴、人民幸福这两大历史课题作出正确回答，要看这种理论能否指导和引领中国发展进步。中国特色社会主义理论体系是我们党长期坚持的指导思想，在这个理论体系的指导和引领下，中国共产党带领中国人民开辟和拓展了中国特色社会主义道路，在建设中国特色社会主义的伟大实践中，取得了举世瞩目的伟大成就。中国特色社会主义理论体系以其毋庸置疑、无可辩驳的正确性和权威性得到了全国人民的支持和认同，成为全国各族人民团结奋斗的共同思想基础。“理论一旦被群众掌握，就会变成改造社会、改造世界的物质力量。”① 在建设中国特色社会主义的伟大实践中，中国共产党坚定地把中国特色社会主义理论体系作为行动指南，把握时代发展要求，顺应人民共同愿望，勇于变革、勇于创新，不断开拓中国特色社会主义更为广阔的发展前景。正是中国共产党有这样坚定的理论自信，中国人民走中国特色社会主义道路的信念才会更加坚定。

---

① 《毛泽东文集》第 8 卷，人民出版社 1999 年版，第 320 页。

## 二、源于对我国制度的自信

“四个自信”也源于对我国的制度自信。制度是国家长远发展的根本支撑和保障。20世纪50年代，我国经过社会主义改造顺利实现从新民主主义向社会主义转变，建立了社会主义基本制度，这是中国历史上最伟大、最深刻的社会变革，为当代中国一切发展进步奠定了制度基础。在长期社会主义建设过程中，尤其是在我国改革开放和现代化建设的实践中，我国始终坚持以公有制为主体地位的社会主义基本经济制度和以四项基本原则为主要内容的基本政治制度，在发展社会主义市场经济的同时，牢牢把握共同富裕这一社会主义本质要求，通过社会主义经济体制改革、政治体制以及其他各方面体制改革，我国社会主义制度体系日益完善，形成了中国特色社会主义制度。

中国特色社会主义制度，就是人民代表大会制度的根本政治制度，中国共产党领导的多党合作和政治协商制度、民族区域自治制度以及基层群众自治制度等基本政治制度，中国特色社会主义法律体系，公有制为主体、多种所有制经济共同发展的基本经济制度，以及建立在这些制度基础上的经济体制、政治体制、文化体制、社会体制等各项具体制度。

在实践中，中国特色社会主义制度的优势已经体现出来。以公有制为基础的社会主义经济制度以其与社会化大生产的一致性更好地发挥了集中力量办大事的优势，为发展社会生产力开辟了广阔的道路，使我国迅速改变了经济落后的面貌。建立在民主集中制基础上的人民代表大会制度具有广泛的代表性，通过国家权力机关统一行使国家权力，有利于保证国家机关协调高效运转，便于从容应对各种挑战和风险。正如邓小平同志精辟指出的那样，“社会主义国家有个最大的优越性，就是干一件事情，一下决心，一做出决议，就立即执行，不受牵扯”①。作为一种新型政党制度，中国共产党领导的多党合作和政治协商制度能够在充分发扬民主的基础上把各种社会力量纳入现有政治体制，实现最广泛的有序政治参与，有效避免

---

① 《十六大以来重要文献选编》，中央文献出版社2006年版，第2页。

了西方政党制度下不同政党和党派之间相互倾轧、明争暗斗所导致的分裂和内耗。反观其他国家因制度原因而出现的各种矛盾和问题，我们完全有理由对中国特色社会主义制度充满信心，从而更加坚定全党和全国各族人民对中国特色社会主义的“四个自信”。

毋庸讳言，由于我国发展社会主义的时间不长，中国特色社会主义制度还有不成熟、不完善的地方。但是，我们相信，只要我国牢牢坚持中国特色社会主义制度，不搞私有化、不照搬西方的政治制度，在中国特色社会主义建设实践中不断推进制度建设，使各方面制度日趋成熟和完备，中国特色社会主义的制度优势必将得到更多释放和发挥，中国特色社会主义道路也会越走越宽广。

## 三、源于对我国发展道路的自信

“四个自信”也源于对我国发展道路的自信。

第一，“四个自信”源于我党对中国发展道路探索的历史和现实的深刻把握。对于一个执政党来讲，带领一个国家走什么样的发展道路必须依据对过去国家发展道路探索的实践，在总结经验教训的基础上选择一条符合国情的发展道路。

近代以来，面对积弱积贫的落后中国，一批批先进的中国人试图通过学习西方走出一条强国富民之路。但历史表明，无论是旧式农民的起义，还是封建统治阶级的自强运动，无论是资产阶级的维新改良，还是资产阶级的暴力革命，都没能在中国建立起资本主义制度，都无法改变中国社会半殖民地半封建的性质，更无法改变中国人民受剥削受压迫的悲惨命运。在资本主义道路在中国走不通的情况下，中国人民在中国共产党的领导下选择了走社会主义道路。近代中国的历史表明，只有社会主义才能救中国，走社会主义道路是历史的选择，是人民的选择。

然而我国是从半殖民地、半封建社会经过新民主主义革命走向社会主义的，这不仅决定了我国建设社会主义的起点低，而且决定了我国必须走出一条不同于其他社会主义国家的社会主义发展道路。以毛泽东为代表的中国共产党人，在我国社会主义改造基本完成以后，对走出中国自己的社会主义建设道路进行了艰难曲折的初步探索，积累了宝贵经验。党的十一届三中全会以来，以邓小平、江泽民、胡锦涛等为主要代表的中国共产党人，把马克思主义的基本原理同我国的具体实际紧密结合起来，创造性地探索和回答了一系列关于中国社会主义建设和发展的重大理论和实际问题，成功地走出一条适合自身实际的社会主义发展道路——中国特色社会主义道路。选择走中国特色社会主义道路，我国获得了自近代以来从未有过的长期快速稳定发展，综合国力增强了，国际地位提高了，人民生活改善了，中国社会的文明程度提升了。中国人民的面貌、社会主义中国的面貌、中国共产党的面貌均发生了历史性变化。新中国成立以来尤其是改革开放以来社会主义现代化建设取得举世瞩目的伟大成就进一步说明，中国特色社会主义道路是繁荣发展中国的必由之路。

第二，“四个自信”源于对资本主义发展道路弊端的清醒认识。中国为什么不能走资本主义道路而要走中国特色社会主义道路，首先是由我国的现实国情和发展目标决定的。邓小平同志在一次接见外宾时说：中国根据自己的经验，不可能走资本主义道路。道理很简单，在中国这样一个国土广大、国情复杂、人口众多、经济和文化不发达的国家，如果走资本主义道路，可能在某些局部地区少数人更快地富起来，而大量的人仍然摆脱不了贫穷，甚至连温饱问题都不可能解决，必然导致严重的贫富分化，发生一系列社会矛盾和阶级冲突，人民将为此付出痛苦和流血的代价。我们的发展目标是实现共同富裕，这是社会主义的本质要求。只有走社会主义道路，才能使大多数人从根本上摆脱贫困、走向富裕，才能实现我们的目标。[①] 所以，人民不会允许走资本主义道路。

其次，中国不能走资本主义道路，还因为我们不可能靠资本主义方式来发展自己。过去，西方资本主义国家的发展是靠原始积累剥夺农民、靠血汗工厂残酷剥削本国工人、靠贩卖黑奴、靠持续数百年殖民掠夺亚非拉国家而实现的。今天，西方发达国家虽然不能再以赤裸裸的方式大搞殖民掠夺，但霸权主义和强权政治仍然存在，它们仍然可以利用在全球分工的优势地位主导全球化进程，成为全球化的最大受益者。中国是发展中的社

① 《邓小平文选》第 3 卷，人民出版社 1993 年版，第 207—208 页。

会主义国家，我国的政权性质、历史传统、时代环境、发展条件决定了我们不能以资本主义的方式来发展，而只能靠发挥社会主义制度的优势，靠坚持以人为本，充分调动广大人民群众的生产积极性来发展；靠集中力量办大事，大力提高工作效率和建设速度来发展；靠坚持和平外交政策和互利共赢战略，同世界各国加强合作，互利互惠，取长补短来发展。只有走中国特色社会主义道路，才能实现科学发展、和谐发展、和平发展，才是最有利于我国的发展方式，才是最符合我国国情的发展道路。①

再次，不能走资本主义道路而要走中国特色社会主义道路，还是因为当前西方资本主义国家发展道路的弊端日益显现。如前所述，资本主义国家目前出现的种种难以解决的问题和危机均是涉及制度以及国家发展道路和方向等方面深层次的矛盾问题。西方国家一直引以为荣并且不遗余力向他国推销的经济、政治和社会发展模式，在金融危机的强力冲击下，早已风光不再。而中国因坚持走中国特色社会主义道路使经济保持了平稳较快发展，在世界经济复苏乏力的背景下一枝独秀，这对于我们坚定中国特色社会主义的道路信念无疑是一个及其重要的有利条件。

第三，“四个自信”源于对西方国家企图把其发展道路强加于我的警醒和防范。由于历史背景、发展水平、文化传统和价值观念的不同，一个国家走什么样的发展道路，采取什么样的社会制度，应由每个国家根据所处的时代条件和具体国情自主决定，其他国家无权干涉，更不能把自己的意志强加于人。然而，在全球化条件下，西方国家借助优势地位强行把其文化、价值观念与社会制度推广到其他国家，企图把全球单一化。

作为一种与西方完全不同甚至对立的发展道路，走社会主义道路的国家一直是西方资本主义国家遏制的对象，对社会主义国家长期实施“和平演变”战略。20 世纪 80、90 年代他们抓住苏联、东欧社会主义国家改革之机，以经济援助为诱饵，辅之以多种手段，促使这些国家采取了背离了社会主义方向的自由主义政策，最终导致苏联解体、东欧剧变。“和平演变”战略在苏联、东欧得手后，西方国家又步步紧逼，对中国、朝鲜、古

---

① 《六个“为什么”——对几个重大问题的回答之二：中华民族伟大复兴的必由之路》，《人民日报》2009 年 9 月 15 日。

巴等社会主义国家施加更大压力，企图以压促变，一举搞垮所有社会主义国家。然而，社会主义中国坚决顶住了来自西方的强大压力，在中国特色社会主义道路上，我们前进的步伐越来越稳健。

由于中国是冷战后全球最大的社会主义国家以及经济增长速度最快的发展中国家，以美国为首的西方国家出于全球霸权的考虑始终没有放弃对中国的“和平演变”战略，在与中国“接触”中加大“遏制”中国的力度，不断向中国施加一波又一波经济、政治和军事压力，企图把它们的发展道路和发展模式强加于我，达到实现资本主义一统天下的目的。

我国为什么要坚决抵御西方国家“和平演变”战略、高度警惕和防范西方国家把其发展道路强加于我的企图？这是因为，我们看到，被他们“和平演变”的东欧、俄罗斯、独联体等国家在经济转型、政治转轨的过程中出现了政局动荡、经济衰退、社会分化、民不聊生的严重局面，这些国家为此付出了沉重的代价。不仅如此，环顾当今世界，我们也看到，一些被西方国家强力推行或盲目照搬西方政治经济制度的非西方国家，在推行新自由主义政策、走资本主义道路的过程中呈现出严重的水土不服现象，制度破而不立，经济停滞、民生凋敝、政局动荡、社会溃败，不仅损耗国家实力，丧失了国家未来发展的机遇，也破灭了民众对美好生活的憧憬。这些都充分说明，西方的发展模式和道路不具有任何普世性，反而会使那些照搬西方模式的国家陷入严重的发展误区。一系列反面教材告诫我们，制度和道路问题是事关国家安危存亡的重大问题，容不得一丝一毫的浮躁和盲动。从中国国情出发，走中国特色社会主义道路不能有任何怀疑和动摇。针对西方国家企图把其发展道路强加于我的企图，我们必须保持高度警醒，并采取积极有效的措施加以应对和防范，绝不能走改旗易帜的邪路。

## 四、源于党对实现中国未来发展目标庄严承诺的责任与担当

“四个自信”也源于党对实现中国未来发展目标庄严承诺的责任与担当。

由于我国在生产力和科技、教育等方面还比较落后，在政治、经济和社会发展诸多方面也存在着许多需要解决的问题，因此，我国的社会主义

不仅要经历上百年的初级阶段，而且需要更长的时间来巩固和发展。因此，发展中国特色社会主义是一项长期而艰巨的历史任务。党的十八大再一次重申了实现社会主义现代化和中华民族伟大复兴的目标，把其作为建设中国特色社会主义的总任务。更重要的是，党的十八大提出了实现国内生产总值和城乡居民人均收入比2010年翻一番，确保到2020年实现全面建成小康社会的宏伟目标。目前，我国已经开始实施“十三五”规划纲要，全面建成小康社会到了最后攻坚阶段，时不我待。

到2020年中国共产党成立一百周年时全面建成小康社会，到21世纪中叶中华人民共和国成立一百周年时基本实现现代化，最终实现中华民族伟大复兴，这些目标和任务都是作为执政党的中国共产党为不断满足人民过上美好生活的新期待而向全国人民、向历史许下的庄严承诺，体现了党对实现中国未来发展目标的一种责任与担当。而要实现中国未来发展目标，尤其是要实现全面建成小康社会的两个倍增目标，仍然要在中国共产党领导下，坚持人民主体地位，以经济建设为中心，坚持四项基本原则，坚持改革开放，发展民主，保障民生，维护社会公平正义，促进社会和谐，坚持走共同富裕道路，实现人的全面发展；同时，加强党的自身建设，坚定不移反对腐败，廉洁奉公，始终保持党同人民群众的血肉联系。归根到底，中国未来发展目标只能通过以中国化的马克思主义理论为指导、坚持和完善中国特色社会主义制度、更加坚定不移地走中国特色社会主义道路、大力发展中国特色社会主义文化才能实现。

## 五、源于对苏东剧变教训的吸取和借鉴

“四个自信”也源于对苏东剧变教训的吸取和借鉴。苏东剧变的教训有两个方面，一是苏联模式的弊端，二是苏联东欧国家背离社会主义道路的后果。

苏联模式是在苏联社会主义建设过程中形成的经济上高度集中、政治上高度集权的发展模式。这种模式曾在苏联社会主义建设初期起过一定的积极作用，但是，苏共领导人并没有随着国内和国际形势的变化而对这种模式进行积极变革，还把它作为社会主义榜样加以固守并强行推广到其他

社会主义国家。在建设社会主义的过程中，我国也曾搬用过苏联模式，实行高度集中的计划经济体制。尽管这一体制曾起过积极作用，但在长期的社会主义建设过程中，这种缺乏独创性、并不完全适合中国国情的体制弊端逐步暴露出来。毛泽东早在1956年苏共二十大以后就提出要“以苏为鉴”，进行马克思主义与中国实际的第二次结合，以期找到在中国进行社会主义革命和建设的正确道路。虽然我党在这个问题上进行过有益探索，但由于当时党在指导思想上“左”的偏差，苏联模式并没有得到很好纠正。邓小平认为，中国社会主义建设的主要教训之一，就是过去我们机械地搬用了苏联社会主义建设的模式。他在领导中国改革开放和现代化建设的过程中，更多地强调要从中国的实际出发，走出一条适合中国国情的发展道路，建设有中国特色的社会主义。在近40年的改革开放过程中，我党不断对各种束缚生产力发展的僵化体制机制进行改革，成功地走出了中国特色社会主义道路；而苏东国家则因没有理论创新和体制上的突破导致了否定社会主义制度的剧变。

苏东国家背离社会主义道路后，这些国家出现了国家解体、民族分裂、社会倒退的悲剧；而中国则因坚持了社会主义道路，通过积极变革，锐意进取，中国特色社会主义建设取得了举世瞩目的伟大成就。当党的十八大郑重表明我国仍要坚定不移走中国特色社会主义道路时，俄罗斯媒体发表评论认为，中国正满怀信心地走在属于自己的发展道路上。[①] 可以说，通过走中国特色社会主义道路，中国的发展超越了苏联模式，扭转了苏东剧变后世界社会主义发展的颓势，代表着今后社会主义发展的方向。

通过以上对中国与苏东国家两种不同改革、两种不同发展道路及其不同结果的对比，我们对中国特色社会主义事业的前景充满了信心，对中国特色社会主义的理想信念更加坚定。

## 六、源于我国丰厚的文化积淀和执政党高度的文化自信

“四个自信”也源于我国丰厚的文化积淀和执政党高度的文化自信。

---

① 钟声：《政治体制事关安危存亡容不得浮躁盲动》，《人民日报》2012年11月11日。

在几千年历史发展进程中，中华民族创造了灿烂的中华文化，成为世界文化宝库中一颗耀眼的明珠。可以说，中华优秀传统文化积淀着中华民族朴素而深刻的精神追求，为中华民族生生不息、发展壮大提供了丰厚的精神滋养，是中华民族团结奋进的不竭动力，是发展中国特色社会主义文化的深厚基础，也是我们最深厚的文化软实力资源。因此，我们要对发展和繁荣中国特色社会主义文化充满足够的自信。当然，我们也应看到，由于中国封建文化的根深蒂固和一些统治者的腐败昏庸，近代中国成为世界现代化进程中的落伍者，为此，有人对中华文化丧失了信心，产生了浓重的文化自卑心理和盲从西方文化的非理性行为，以致对今天中国的发展仍然产生着十分明显的消极影响。建设社会主义文化强国，提升国家文化软实力，首先要树立起文化自信，这种文化自信不仅要认清中华优秀传统文化，继承中华优秀文化传统，大力弘扬中华文化，努力展示中华文化的独特魅力；而且，在与其他文化交流互动中能够自信地吸纳各种文化中的有利因素为己所用，而不用担心被对方所同化或“吞噬”。①

中国共产党既是一个具有高度理论自觉的马克思主义政党，也是一个具有高度文化自觉和文化自信的政党，这种文化自觉和文化自信具体表现为：一是中国共产党站在人类社会历史发展的高度，深刻认识和把握文化在当代中国发展进步中的重要地位及巨大价值，把握文化发展的内在规律和先进文化的前进方向，把文化作为经济社会发展的战略资源，把文化作为人民群众的根本需求、人的全面发展的重要标志、民族凝聚力和创造力的重要源泉、综合国力竞争的重要因素和经济社会发展的重要支撑。二是在全球化的宏观时代大背景中，中国共产党从增强文化自觉和文化自信、提高国家文化软实力、维护国家文化安全、建设社会主义文化强国的高度，深刻认识和把握增强我国文化软实力和国际竞争力对于实现中华民族伟大复兴的重大意义，以及对当代人类文明发展进步的独特价值与巨大贡献。② 正是基于这种高度的文化自觉和文化自信，中国共产党在团结带领中国人民进行革命、建设和改革开放的各个历史时期，始终代表中国先进

① 邱柏生：《论文化自觉、文化自信需要对待的若干问题》，《思想理论教育》2012 年第 1 期。
② 刘芳：《文化自觉和文化自信的战略考量》，《理论学刊》2012 年第 1 期。

文化的前进方向，高度重视文化建设，不仅提出了不同时期文化建设的目标任务，也提出了一系列文化建设的重要方针，在不断总结和探索文化发展规律的实践中成功走出一条具有中国特色的文化发展道路。

习近平总书记在庆祝中国共产党成立95周年大会上强调指出，文化自信，是更基础、更广泛、更深厚的自信。正是因为有了在5000多年中华文明发展中孕育出的中华优秀传统文化和中国共产党在90多年领导人民伟大斗争中孕育出的革命文化和社会主义先进文化，建设社会主义文化强国就有了巨大精神动力，推动中华文化走向世界就有了重要思想保证，实现中华民族伟大复兴的中国梦就有了强大精神力量。

当今世界，中国共产党、中华人民共和国、中华民族是最有理由自信的。这种自信，根植于我们对中国特色社会主义的道路自信、理论自信、制度自信、文化自信。因为这条道路是实现社会主义现代化的必由之路，是创造人民美好生活的必由之路；这个理论体系是指导党和人民沿着中国特色社会主义道路实现中华民族伟大复兴的正确理论，是立于时代前沿、与时俱进的科学理论；这个制度是当代中国发展进步的根本制度保障，是具有鲜明中国特色、明显制度优势、强大自我完善能力的先进制度；这种文化积淀着中华民族最深层的精神追求，代表着中华民族独特的精神标识，凝聚起实现复兴梦想的精神力量。① 只要我们坚持党的基本路线不动摇，坚定中国特色社会主义的道路自信、理论自信、制度自信、文化自信，满怀信心把中国特色社会主义伟大事业推向前进，就一定能再创辉煌、开辟未来。

## 第三节 “四个自信”大众化

中国特色社会主义事业是事关亿万中国人民自身福祉的伟大事业，不仅需要全体党员干部坚定中国特色社会主义道路自信、理论自信、制度自信、文化自信，更需要广大人民群众坚定中国特色社会主义道路自信、理

① 新华社评论员：《把握“八个坚持”，高扬理想信念旗帜——二论学习贯彻习近平总书记在庆祝中国共产党成立95周年大会重要讲话精神》，新华网，2016年7月2日。

论自信、制度自信、文化自信，使“四个自信”大众化。

## 一、“四个自信”大众化的内涵及其重要性

党和国家发展的历程表明，在中国这样一个人口众多、国情复杂的国家，要推进共同事业，增进共同利益，实现共同目标，无论是搞革命还是搞建设，都需要中国共产党把自己艰辛探索出来的适合中国国情的发展道路及其理论成果、制度设计和文化理念有效地宣传普及到每一位党员和广大民众之中，让他们明确中国特色革命和中国特色社会主义的真谛和要义，并普遍认同和接纳这种道路、理论、制度和文化，排除和纠正各种错误思想认识，不断增强他们的道路自信、理论自信、制度自信、文化自信。只有毫不动摇地推进中国道路自信、理论自信、制度自信、文化自信的大众化才能最大限度地把广大民众动员起来、组织起来、团结起来，激发蕴藏在民众中巨大的革命和建设力量，使他们在争取自身利益的斗争中不断推进中国革命和建设事业向前发展。实践证明，道路自信、理论自信、制度自信、文化自信的大众化不仅是夺取中国革命最终胜利的重要保证，也是我国取得社会主义建设巨大成就的根本保证。

中国特色社会主义道路自信、理论自信、制度自信、文化自信的大众化，是指中国共产党领导中国人民通过有效的宣传教育和大力推进在建设社会主义实践中开创出来的具有科学性、先进性、人民性和适应性的中国特色社会主义道路、中国特色社会主义理论体系、中国特色社会主义制度、中国特色社会主义文化，使其能够在广大民众中产生情感上和思想上的共鸣而被广泛认同和接受，形成坚定地走中国特色社会主义道路的理想信念，并转化为全体人民自觉投身到建设中国特色社会主义伟大实践中的过程。简言之，中国特色社会主义道路自信、理论自信、制度自信、文化自信的大众化就是党和政府通过有效的宣传教育手段和采取切实可行的政策措施把中国共产党对中国特色社会主义道路自信、理论自信、制度自信、文化自信变成全体党员和全国各族人民的自觉认同、共同的价值追求和奋斗目标。

应该说，坚定中国特色社会主义道路自信可以确保我国发展道路不会

偏离社会主义正确方向；坚定中国特色社会主义理论自信对于增强党和国家发展活力、团结和凝聚全国人民力量、早日实现中华民族伟大复兴的中国梦具有重要意义；坚定中国特色社会主义制度自信则是确保中国特色社会主义事业健康发展的根本制度保证；而坚定文化自信则可以确保我国在经济发展的同时不断提升国民的思想文化素质，更好推进我国经济社会持续健康发展。在全面建成小康社会和实现中华民族伟大复兴的中国梦的历史新时期，都要更加坚定中国特色社会主义道路自信、理论自信、制度自信、文化自信，不断开创中国特色社会主义事业新局面。这不仅是确保社会主义事业健康发展的重要条件，也是今后推动社会主义事业进一步向前发展的动力源泉。然而，由于我国在转型发展中存在着制度上的不完善、不成熟以及人们经济利益上的分化和思想意识的多样化，加上西方国家对我国战略攻势的加强和意识形态的不断渗透，“四个自信”大众化面临的形势不容乐观，有相当一部分人对我国已经选定和确立的中国特色社会主义道路和发展模式缺乏应有的自信，有的甚至质疑和反对中国特色社会主义道路和发展模式。如果我们对在中国社会一定程度上存在着的对中国特色社会主义道路、理论、制度自信、文化自信弱化甚至缺失的现象听之任之，对人们关于中国特色社会主义种种疑惑不设法去澄清，那么各种错误思想就会不断蔓延甚至会甚嚣尘上，这就难以形成建设中国特色社会主义的共识，更谈不上把广大民众的力量凝聚起来、动员起来、组织起来、团结起来为实现共同的目标奋斗，其结果必然会对建设中国特色社会主义这个全国人民的共同事业造成极大的瓦解和破坏。因此，必须下决心以更大气力做更加细致的工作使广大民众普遍认同和接纳中国特色社会主义道路、理论、制度和文化，把“四个自信”大众化问题作为发展中国特色社会主义的重大课题认真抓实抓好。

## 二、推进“四个自信”大众化的路径

“四个自信”大众化从本质上讲是一种全民的社会价值认同。与一般的知识认同不同的是，这种社会价值认同不仅需要证明中国特色社会主义道路、理论、制度、文化是符合当代中国发展需要的客观事实，还必须与

“四个自信”大众化的受众即人民群众的主观体验密切联系起来，也就是说要在实践中证明中国特色社会主义道路、理论、制度、文化对于我们的国家、民族和人民大众的未来发展是有价值的、有意义的，否则，中国特色社会主义道路、理论、制度、文化便不能被广泛地认同和接受。因此，“四个自信”大众化作为一项艰巨而复杂的系统工程，只有以马克思主义关于社会意识的理论为指导，遵循一定的社会价值认同路径，不断探索行之有效的方法和手段，才能顺利推进。

（一）把统筹推进“五位一体”总体布局、协调推进“四个全面”战略布局、践行新的发展理念、实现以人为本的科学发展作为根本途径

马克思主义关于社会意识的理论认为，社会意识是社会存在的反映。一项事业、一套理论体系、一种制度、一种文化之所以能被大众广泛地认同和接受，主要是因为这项事业、这套理论、这种制度和文化能真实地反映了广大人民的愿望，代表了广大人民的根本利益，能够从最广大人民的根本利益出发，并且实践中能够让广大人民群众获得实实在在的利益，让人民群众切实地感受到这项事业、这套理论、这种制度和文化会对他们未来发展带来的好处。因此，应该把统筹推进“五位一体”总体布局、协调推进“四个全面”战略布局、践行新的发展理念、实现以人为本的科学发展作为根本途径。

十八大以来，中国共产党形成并积极推进经济建设、政治建设、文化建设、社会建设、生态文明建设五位一体的总体布局，形成并积极推进全面建成小康社会、全面深化改革、全面依法治国、全面从严治党的战略布局，成为新时期党领导人民治国理政的总方略。习近平总书记在庆祝中国共产党成立95周年大会上指出，坚持不忘初心、继续前进，就要统筹推进“五位一体”总体布局，协调推进“四个全面”战略布局，全力推进全面建成小康社会进程，不断把实现“两个一百年”奋斗目标推向前进。他还指出，人民是创造历史、成就梦想的伟大力量，党的根基在人民、党的力量在人民，并且再次重申了我们党全心全意为人民服务的根本宗旨，并号召全党坚守人民立场、永葆赤子之心。①

① 习近平：《在庆祝中国共产党成立95周年大会上的讲话》，《人民日报》2016年7月2日第2版。

统筹推进“五位一体”总体布局、协调推进“四个全面”战略布局、践行新的发展理念、实现以人为本的科学发展，就是要始终把实现好、维护好、发展好最广大人民的根本利益作为党和国家一切工作的出发点和落脚点，尊重人民主体地位，发挥人民首创精神，保障人民各项权益，走共同富裕道路，促进人的全面发展，做到发展为了人民、发展依靠人民、发展成果由人民共享。

在全面建成小康社会进入决胜阶段，为了确保如期实现全面建成小康社会的宏伟目标，必须聚焦我国经济社会发展中的突出问题和明显短板，主动回应人民群众的诉求和期盼，为此要做好以下两个方面的工作：一方面，要积极解决好教育、就业、收入分配、社会保障、医疗卫生、食品安全、环境保护、扶贫脱困和人口均衡发展等直接关系人民群众根本利益和现实利益的民生问题，以便在最大程度上增进人民福祉；另一方面，要从我国发展的实际出发，适应发展新形势、把握发展新特征，坚持以经济建设为中心，加大结构性改革力度，加快转变经济发展方式，以便实现更高质量、更有效率、更加公平、更可持续的发展，使全面建成小康社会和基本实现现代化这“两个一百年”目标得以顺利实现。

（二）把积极推进中国特色社会主义理想信念教育作为推进“四个自信”大众化的主要途径和方式

从本来的意义上讲，推进“四个自信”大众化的过程就是广大民众认同接纳中国特色社会主义道路、理论、制度、文化，不断增强他们的道路自信、理论自信、制度自信、文化自信的过程。而坚定“四个自信”则属于我国的政治上层建筑，有浓厚的意识形态色彩。因此，要使广大民众坚定“四个自信”就必须加强思想政治工作，加大中国特色社会主义理想信念教育，培育践行社会主义核心价值观，筑牢意识形态阵地。

加强思想政治工作，增强“四个自信”，有两个着力点。一是加大理想信念教育，使全国人民牢固树立中国特色社会主义共同理想；二是进行社会主义核心价值体系教育，培育践行社会主义核心价值观。

理想信念是人们对未来的向往和追求，是人们世界观、人生观和价值观在奋斗目标上的集中体现。理想信念对人们的思想言行具有决定性影响，一个人有了坚定正确的理想信念，就能不懈努力，一往无前，执著追求；一个民族有了坚定正确的理想信念，就能披荆斩棘，百折不挠，攻坚克难。习近平总书记形象地指出：“理想信念就是共产党人精神上的‘钙’，没有理想信念，理想信念不坚定，精神上就会‘缺钙’，就会得‘软骨病’。”① 进行理想信念教育，就是要对全国人民进行中国特色社会主义共同理想的教育。因为，中国特色社会主义共同理想，反映了中国社会发展规律，体现了中国人民的根本利益和愿望，是号召全国各族人民团结奋斗的精神旗帜。只有树立这样的共同理想，才能把国民个人的人生追求与党在社会主义初级阶段的目标、国家的发展、民族的振兴紧密联系在一起，能够使人民始终保持昂扬向上、积极进取的精神状态，焕发出为祖国繁荣富强贡献力量的强大斗志。

社会主义核心价值体系是社会主义意识形态的本质体现，是社会主义制度在价值层面的本质规定，是全党全国各族人民团结奋斗的共同思想基础。党的十八大在社会主义核心价值体系的基础上又凝练出社会主义核心价值观，在全社会倡导富强、民主、文明、和谐，自由、平等、公正、法治，爱国、敬业、诚信、友善，从国家、社会、公民三个层面明确了相应的价值目标、价值取向、价值准则，这是社会主义核心价值体系的凝练表达，也是中国特色社会主义道路、理论、制度、文化在价值取向方面的集中体现，可以为增强“四个自信”提供价值支点，成为全体国民基本的价值遵循。可以说，社会主义核心价值观是人生奋斗的梦想之舵，是中华民族的精神之钙，是当代中国的兴国之魂。培育和践行社会主义核心价值观必须在国民认同和接受上下工夫，努力将其转化为广大群众的“日常意识”和“社会心理”，并形成坚定的信念，这是培育和践行社会主义核心价值观的根本目的，也是培育和践行社会主义核心价值观成功的根本标志。因此，培育和践行社会主义核心价值观，是凝聚全社会价值共识的重要任务，也是增强“四个自信”的重要举措。

加强思想政治工作，首先要构筑起能有效解读中国基本国情、价值理念、发展道路、内外政策的话语体系，形成中国特色社会主义理论体系的“大众论述”，提高意识形态内容的解释力，赢得思想政治和意识形态工作

① 《深入领会习近平总书记重要讲话精神（上）》，人民出版社 2014 年版，第 380 页。

的主动权。其次，加强思想政治工作要突出人文关怀，即从当前人们的思想独立性、选择性、差异性明显增强的现实出发，摸准群众的思想实际，了解群众心理的变化特点和趋势，明确人们最需要的是什么，最关心的是什么，使思想政治工作具有针对性又贴近人们思想实际，进而增强思想政治教育与客体需要的契合度。再次，改进思想政治工作方法和意识形态传播途径。在信息化、网络化和现代高科技迅猛发展和个人自主性、独立性、流动性日益加强的今天，以往那种封闭的、教条式的思想政治工作方法和以组织动员、群众运动、教育灌输等传统的意识形态传播途径早已过时，要增强思想政治教育的有效性，就要综合考虑对象特点和时代特征等多方面因素，充分利用大众传媒、网络平台等虚拟空间的便捷性、多元性、层次性、多角度等特征，拓展思想政治教育和意识形态的传播空间，突出个性化、差异化、日常生活化，注重人的感受、体验、理解和运用。只有通过深入有效的、形式多样的、持续不断的思想政治工作，才能筑牢意识形态阵地，巩固全党全国人民团结奋斗的共同思想基础，更加坚定全国人民的“四个自信”。

（三）把加大对中外制度、发展道路、发展模式比较研究和宣传作为推进“四个自信”大众化的重要途径和手段

如前所述，中国社会在一定程度上存在着的对“四个自信”弱化甚至缺失的一个重要原因是某些别有用心的人极力美化西方的社会制度、价值观念和发展模式，贬低或诋毁中国特色社会主义道路、制度和发展模式，从而使相当一部分群众失去了判断力，再加上当前中国社会自身存在的矛盾和问题以及现实中所感受到的不公正和人生失意，这部分人就会质疑和反对中国特色社会主义道路、理论、制度、文化。如果再经过这些人的过分渲染和传播，就会导致更多的民众对中国特色社会主义道路、理论、制度、文化失去信心。因此，要让中国的广大民众认同和接纳中国特色社会主义道路、理论、制度、文化，坚定他们的道路自信、理论自信、制度自信、文化自信，有效反击西方国家对中国发动的宣传攻势，还需要对中外制度、发展道路、发展模式进行充分的比较研究和宣传。有比较才有鉴别，只有在中外不同制度、发展道路、发展模式的对比中才能让中国的广大民众进一步认清中国特色社会主义道路、理论、制度、文化的特征、优

势以及适合当代中国发展的必然性，从而更加坚定“四个自信”。

社会主义不论从理论到实践还是从制度到发展模式都是在同资本主义相比较而存在、相斗争而发展的，同样，中国特色社会主义道路和发展模式也需要在与西方国家和非西方国家的资本主义发展道路和发展模式的比较竞争中才能体现出其优越性和适应性。2008 年金融危机以来，以美国、日本以及一些欧洲国家为代表的西方资本主义国家因其层出不穷的国内政治、经济和社会问题日益凸显西方资本主义发展道路和发展模式的弊端。同欧美一些国家受困于金融危机、债务危机相比，同一些发展中国家陷入发展陷阱相比，同西亚北非一些国家政治动荡、社会混乱相比，我国经济则在进入新常态下依然保持了较高的增长速度，对世界经济发展做出了不可替代的贡献；同时，我国政治稳定、人民安居乐业，人民群众对未来发展充满了信心。不论是放眼世界还是环顾四周，我们还没看到世界上有哪个与中国有可比性的国家比中国发展得更好、更成功；恰恰相反，我们却找到了很多能够从反面或者侧面证明中国道路、理论、制度正确性的事实和证据。正如习近平总书记在谈到中国梦时所指出的那样：“现在，我们比历史上任何时期都更接近中华民族伟大复兴的目标，比历史上任何时期都更有信心、有能力实现这个目标。”[①] 事实胜于雄辩，实践是最硬的标准，我们要充分利用这样有利的时机，加大对中外制度、发展道路、发展模式的比较研究和宣传，使中国广大民众在对比分析中真切感受到中国特色社会主义道路和发展模式的无比优越，从而更加坚定中国特色社会主义的道路自信、理论自信、制度自信、文化自信。

（四）把宣传中国梦和实现中国梦作为推进“四个自信”大众化的现实途径和重要契机

中国梦和“四个自信”大众化有密切的联系，两者既互为表里，又相互促进。一方面，实现以国家富强、民族振兴和人民幸福为内涵的中国梦离不开中国特色社会主义道路、理论、制度、文化。中国特色社会主义道路、理论、制度、文化是实现中国梦的根本途径和保障。中国梦是国家的梦、民族的梦，也是每个中国人的梦，实现中国梦不仅需要中国人民坚定

---

① 《习近平谈治国理政》，外文出版社 2014 年版，第 50 页。

“四个自信”，而且可以在实现中国梦的过程中不断增强中国人民对中国特色社会主义道路、理论、制度、文化的自觉、自信。

另一方面，中国梦不仅能唤醒中国人民对中国过去辉煌与屈辱历史的深刻记忆，更能照亮中国人民通过奋发进取实现美好生活的现实愿景。中国梦不仅是人民群众根本利益和整体意志的表达，代表了人民群众的共同愿望；同时，中国梦不是超然于个人而存在的，而是与社会中的各个成员的利益和愿望密切联系在一起的，是每一个中国人心中的梦。所以，中国梦一提出就引起了强烈的共鸣，得到了广泛认同，为大多数社会成员所接受，成为公民个人意志的重要组成部分，成为社会成员的自觉追求。而中国梦又是和中国特色社会主义共同理想相通的、一致的，实现中国梦与建设中国特色社会主义，是我们党和人民共同承担的“实现现代化”这一历史任务在现阶段的两种不同表述方式。建设中国特色社会主义需要赢得认同、达成共识，需要寻求“最大公约数”，这个最大公约数就是实现中国梦，它是所有中华儿女的共同追求，体现了国家、民族、人民、个人的共同理想。所以，以中国梦为号召、为旗帜，能更有效地唤起中国人民对走中国特色社会主义道路的自觉认同，从而更加坚定中国特色社会主义道路自信、理论自信、制度自信。

既然中国梦如此地动人心魄、振奋人心，而中国梦又与中国特色社会主义道路、理论、制度、文化密切联系，那么，当前应该把宣传中国梦和实现中国梦作为推进“四个自信”大众化的重要契机。通过大力宣传中国梦，让中国梦成为海内外中华儿女的最大共识，成为激励全体人民团结奋进的精神旗帜，从而为坚定“四个自信”奠定牢固的思想基础和舆论基础；通过脚踏实地地为实现中国梦而奋斗，创造出全体人民共同享有的更加美好的生活，朝着“两个一百年”目标不断迈进，那么，在实现中国梦的过程中就能逐步彰显中国特色社会主义道路、理论、制度、文化的优越性和适应性，从而为中国人民坚定“四个自信”奠定坚实的实践基础。

当然，除了以上所探讨的方法和途径之外，推进“四个自信”大众化的路径还应包括以下两个方面：一是中国共产党作为一个拥有八千多万党员的执政党，如何通过加强党的自身建设尤其是思想建设和作风建设更好地发挥党员先锋模范作用，以便带动、引领和感染广大人民群众坚定“四个自信”，这不仅是推进“四个自信”大众化的政治保证，也是推进“四个自信”大众化的重要路径；二是通过加强社会主义先进文化建设和文化软实力建设，不断提升广大人民群众思想政治素质和文化素养，通过提升广大人民群众的文化自信来为坚定中国特色社会主义道路自信、理论自信、制度自信打下更广泛、更深厚的自信基础。

## 三、顺利推进“四个自信”大众化的保障条件

推进“四个自信”大众化，不仅需要遵循一定的路径，探索行之有效的方法和手段，还需要一定的保障条件。只有具备和创造出良好的政治、组织、动力和制度条件，才能为“四个自信”大众化保驾护航，顺利推进“四个自信”大众化。

（一）把牢固坚持四项基本原则作为推进”四个自信”大众化的根本政治保证

四项基本原则是中国共产党在长期革命和建设中始终坚持的基本政治原则，包括坚持社会主义道路、坚持人民民主专政、坚持中国共产党的领导、坚持马列主义、毛泽东思想。坚持四项基本原则，是我们的立国之本，是全党、全军、全国各族人民团结奋进的共同政治基础，是进行社会主义现代化建设事业的根本前提和根本保证，也是推进“四个自信”大众化的根本政治保证。其中，坚持社会主义道路是四项基本原则的主要内容，也是推进“四个自信”大众化的前提和题中应有之义；人民民主专政是我国的国体，规定着国家的阶级性质，在当今复杂的国际国内形势下，为了防范国内外敌对势力对我国所进行的渗透和破坏，打击各种违法犯罪活动，只有在充分发挥人民民主的基础上，加强国家政权的专政力量，才能保证国家的社会主义发展方向；中国共产党是中国特色社会主义的领导核心，也是推进“四个自信”大众化的主体和领导力量，坚持党的领导不仅是社会主义现代化建设的根本保证，也是顺利推进“四个自信”大众化的组织保证；马列主义、毛泽东思想是党和国家的指导思想，只有牢固坚持马列主义、毛泽东思想，才能保证我们的国家沿着中国特色社会主义道路前进，为顺利推进“四个自信”大众化提供思想保证。

（二）把全面加强党的建设尤其是党的作风建设作为推进“四个自信”大众化的根本组织保证

中国特色社会主义事业是事关十几亿中国人民自身福祉的伟大事业，中国共产党作为中国特色社会主义事业的领导力量，要想把亿万中国人民的力量汇聚起来进行社会主义建设，就必须使广大民众认同并接纳自己通过艰辛探索开创出来的适合中国国情的中国特色社会主义道路、理论、制度、文化，不断增强他们的道路自信、理论自信、制度自信、文化自信，推进“四个自信”大众化。因此，中国共产党不仅是中国特色社会主义的领导核心，也是推进“四个自信”大众化的主体和领导力量，要把全面加强党的建设作为推进“四个自信”大众化的根本组织保证。

全面加强党的建设，最重要的是加强党的作风建设，认真贯彻党的群众路线，扎实开展群众路线教育实践活动。群众路线是解决“为了谁”“依靠谁”“我是谁”的问题，其内容是：一切为了群众，一切依靠群众，从群众中来，到群众中去。群众观点和群众路线是历史唯物主义的重要内容，坚持群众观点和群众路线是无产阶级政党的本质要求。在第十八届政治局常委会见中外记者的时候，习近平同志指出，“人民对美好生活的向往，就是我们的奋斗目标。”① 可以说，一切为了群众，一切从人民的利益出发，是我们党的价值追求，是党开展一切工作的根本目的和宗旨；以人为本、执政为民是检验我们党一切执政活动的最高标准，任何时候都要把人民利益放在第一位，把群众呼声作为第一信号，把群众需要作为第一选择，把群众满意作为第一标准。中国共产党只有始终代表中国最广大人民的根本利益，一心一意为人民谋福利，与人民同甘共苦，才能获得人民群众的信任、支持和拥护，人民才能认同并接纳中国特色社会主义道路、理论、制度，从而最广泛地动员和组织人民投身到党领导的中国特色社会主义伟大事业中来。

改进党的作风，推进“四个自信”大众化，一是要针对当前党内脱离群众的现象，坚决反对形式主义、官僚主义、享乐主义和奢靡之风等群众深恶痛绝、反映强烈的“四风”问题，以“照镜子、正衣冠、洗洗澡、治

---

① 《深入领会习近平总书记重要讲话精神（下）》，人民出版社2014年版，第919页。

治病”的总要求开展以为民务实清廉为主要内容的群众路线教育实践活动，力争在全面转变作风方面取得让人民群众看得见的实实在在的成效和变化。二是要把“三严三实”和“两学一做”要求作为党员干部加强自身建设的基本准则和目标追求，在日常工作和生活中不仅要做到严以修身、严以用权、严以律己，真正做到谋事要实、创业要实、做人要实，还要把学党章党规、学系列讲话，做合格党员作为党员干部提升党性修养的基本要求。只有把“三严三实”和“两学一做”要求作为党员干部修身律己的基本遵循，才能发挥共产党员践行坚定“四个自信”的模范和带动作用，增强“四个自信”大众化的影响力和感染力。三是要针对当前全社会普遍关注的民生问题，以保障和改善民生为重点，积极解决好那些直接关系人民群众根本利益和现实利益问题，把最广大人民的根本利益实现好、维护好、发展好。只有解决好党自身存在的有可能脱离群众的问题和真心实意地为群众谋福利并取得明显成效，才能最终解决“四个自信”大众化的受众问题，才能不断增强人民群众对中国特色社会主义的道路自信、理论自信、制度自信、文化自信，为顺利推进“四个自信”大众化提供坚强的组织保证。

（三）把推进全面深化改革作为推进“四个自信”大众化的重要动力和制度保障

制度是国家长远发展的根本支撑和保障，制度问题关系党和国家的前途命运。中国特色社会主义制度经过几十年的建设和完善，已经显示了强大生命力和无比优越性。改革开放以来，我国经济社会发展所取得的巨大成就与我们逐步确立的中国特色社会主义的各项具体制度是密不可分的。可以说，中国特色社会主义制度是发展中国特色社会主义的重要法宝，中国特色社会主义事业有这样的制度为其保驾护航，使党和人民对中国未来的发展更有信心和底气，这也是全国人民坚定“四个自信”的坚实制度基础。

当前，尽管我们已经建立了比较完善的中国特色社会主义制度体系，但是我们的制度还不完善，有些制度还没有成熟定型，仍然存在着制度缺失、制度不配套等不足之处；在制度的实施和实践过程中，还存在着有制度不执行、有些制度流于形式因而难以约束和规范人们的行为等问题。这表明，制度供给不足仍然是制约我国经济健康发展和社会良性运行的短板。因此，推进“四个自信”大众化进程，仍然需要加强制度建设，加大制度改革创新的力度，进一步彰显中国特色社会主义制度的优越性。

改革是中国特色社会主义发展的动力，也是中国特色社会主义制度充满生机活力的保障。面对我国当前的新形势、新任务，要解决我国发展进程中的各种难题，化解来自各方面的风险和挑战，更好地发挥中国特色社会主义的制度优势，使中国特色社会主义事业更加充满生机活力，不断增强全国人民坚定走中国特色社会主义道路的理想信念，就必须在新的历史起点上全面深化改革。

党的十八大更加强调了制度建设的重要性，提出了改革完善这一制度的具体要求；党的十八届三中全会把完善和发展中国特色社会主义制度，推进国家治理体系和治理能力现代化作为全面深化改革的总目标，对全面深化改革作出了系统的部署；党的十八届四中全会出台了以法治建设为主体的制度建设规划，首次把制度建设提高到顶层设计的高度；党的十八届五中全会再次强调了包括理论创新和制度创新在内的创新理念，提出了构建发展新体制的目标和任务。可以说，当前我国全面深化改革的目的、要求已经清晰，全面深化改革的内容、任务也已明确，全面深化改革的战略步骤也部署到位，而更为关键则是我们党和政府有坚强的意志和决心去推进改革，把各项改革的措施落到实处，使我国的各项制度更加完备，更好地彰显中国特色社会主义制度的优越性。

只有坚定不移地推进全面深化改革，才能使中国特色社会主义更加充满生机活力，中国特色社会主义制度的优越性才能得到更好地彰显，推进“四个自信”大众化才会有源源不断的动力和可靠的制度保障。

## 第四节 坚定制度自信，培育和提升国家软实力

当今世界，国家软实力的战略地位和作用凸显，日益成为提升国家综合国力的关键要素。当前，我国综合国力建设面临的一项重要任务就是在国家硬实力有了较大提升之后大力培育和提升国家软实力。在一定程度上，国家软实力的竞争表现为制度之争。党的十八大不仅要求全党要坚定

中国特色社会主义制度自信，而且提出了要增强国家软实力的战略任务。今后，要把坚定中国特色社会主义制度自信作为培育和提升国家软实力的重要途径。

## 一、国家软实力竞争在一定程度上是制度之争

一个国家的制度是指掌握政权的统治阶级或政治集团为实现其统治而采取的治理方式、方法的总和。制度既包括政权组织形式在内的基本政治制度，也包括生产资料所有制关系在内的基本经济制度，以及建立在这些基本制度基础上的经济体制、政治体制、文化体制、社会体制等各项具体制度。

基本政治制度之所以可以作为国家软实力的重要来源，是因为一个国家的基本政治制度如果能充分保障国民享有宪法赋予的各项民主权利，保证政府勤政为民，促进社会公平正义和国家长治久安，那么，这种政治制度无疑具有令人信服的优越性、必然性、广泛性和包容性，可以转化为极强的制度力，进而形成对本国民众的感召力、协同力与整合力以及对其他国际行为体的影响力和吸引力，国家软实力因此得以提升。

基本经济制度之所以可以作为国家软实力的重要来源，是因为一个国家的基本经济制度如果能加快生产力发展，促进国家富强，确保人民普遍富裕幸福，那么，这种经济制度就可以从根本上代表一个国家全体国民的利益和愿望，转化为人们追求美好生活、建设强大国家的持久动力，从而保证国家在迅速提升硬实力的同时，软实力也能得以快速提升。

一个国家各项具体制度之所以可以作为国家软实力的重要来源，是因为一个国家如果能不断改进各项具体制度，使经济体制、政治体制、文化体制、社会体制等能适应生产力发展需要，不断克服各种僵化体制的弊端，就可以推动经济繁荣，改善民生，保证政府公正廉洁高效，提升国民素质，促进社会和谐稳定。这些不仅是一个国家具有较高软实力的标志，也能为进一步提升国家软实力创造有利条件。

国家软实力竞争在一定程度上讲是制度之争，从总结当今世界各国制度实践的经验教训中也能得出这一结论。

西方自近代以来实行的资本主义政治经济制度曾促进了经济繁荣和国家强大，但资本主义国家罔顾这种制度由于对内剥削、对外侵略扩张所导致的种种不公正甚至罪恶，自诩这种制度具有普世价值，不遗余力地向他国推销它们的经济、政治制度和价值观念。正是因为西方国家从外部施行的和平演变战略才最终导致苏联解体和东欧剧变，使社会主义国家在同资本主义国家的制度竞争中一时处于低潮。此时，西方国家无不自负地认为，冷战结束以后，人类历史发展就此到达了终点，资本主义制度可以一统天下了。然而，西方国家一直引以为荣并且不遗余力向他国推销的资本主义经济、政治制度和社会发展模式，却因为金融危机的强力冲击，失却了往日的雄风，早已风光不再。可以说，当前西方资本主义国家所面临的种种矛盾和问题都与其制度有关。也正因为如此，资本主义制度开始受到越来越多人的质疑，其制度的说服力和影响力已经大打折扣，其国家软实力也因此受到极大影响和挑战。

不仅如此，我们也看到，被西方国家“和平演变”之后的东欧、俄罗斯、独联体等国家由于照搬了西方资本主义政治经济制度，在经济转型、政治转轨的过程中出现了政局动荡、经济衰退、社会分化、民不聊生的严重局面，这些国家为此付出了沉重的代价。对于俄罗斯来说，在苏联解体后由于一味照搬西方资本主义政治经济制度，后果尤其严重。俄罗斯实施的“休克疗法”等一系列转型措施不仅使国家硬实力被大大削弱，而且标志着国家软实力的制度吸引力和国民凝聚力也大为削弱。就国家的国际影响力和国际地位而言，俄罗斯已日渐丧失了昔日超级大国的地位。

环顾当今世界，我们同样可以看到，一些被西方国家强力推行或盲目照搬西方政治经济制度的非西方国家，在推行新自由主义政策、走资本主义道路的过程中呈现出严重的水土不服现象，制度破而不立，经济停滞、民生凋敝、政局动荡、社会溃败，不仅损耗了国家实力，丧失了国家未来发展的机遇，也破灭了民众对美好生活的憧憬。这些都充分说明，西方资本主义政治经济制度和发展模式不具有普世性，反而会使那些照搬西方资本主义国家政治经济制度的国家陷入严重的发展误区，不仅国家硬实力无法提高，国家软实力也难以提升。

制度影响国家软实力，相似的教训也表现在国家体制的僵化停滞对国家发展造成的严重影响上。在这方面，苏联模式的弊端对国家软实力的影响十分明显。苏联模式是苏联在社会主义建设过程中形成的经济上高度集中、政治上高度集权的政治经济体制。这种体制曾在苏联社会主义建设初期起过一定的积极作用，但是，苏共领导人并没有随着国内和国际形势的变化而对这种体制进行积极变革，还把它作为社会主义榜样加以固守并强行推广到其他社会主义国家。由于苏东国家没有能够在各种体制上进行改革创新，社会生产力始终受僵化体制的严重束缚，其结果就是国家发展停滞，人民生活长期得不到改善，人们对社会主义制度丧失了信心，最终导致了国家解体和国家发展道路的完全改变，更谈不上国家硬实力和软实力的提升。

制度是国家长远发展的根本支撑和保障。制度不仅是国家软实力的重要来源，而且对培育和提升国家软实力起着重要的促进作用。因此，国家软实力竞争在一定程度上是制度之争。

## 二、我国制度优势对提升国家软实力的重要作用

20 世纪 50 年代，我国经过社会主义改造顺利实现从新民主主义向社会主义转变，建立了社会主义基本制度，这是中国历史上最伟大、最深刻的社会变革，为当代中国一切发展进步奠定了制度基础。在长期社会主义建设过程中，尤其是在我国改革开放和现代化建设的实践中，我国始终坚持以公有制为主体地位的社会主义基本经济制度和以四项基本原则为主要内容的基本政治制度，在发展社会主义市场经济的同时，牢牢把握共同富裕这一社会主义本质要求，通过社会主义经济体制改革、政治体制以及其他各方面体制改革，我国社会主义制度体系日益完善，形成了中国特色社会主义制度。

如前所述，中国特色社会主义制度，主要指包括人民代表大会制度在内的基本政治制度、公有制为主体多种所有制经济共同发展的基本经济制度、各项法律制度，以及建立在这些制度基础上的各方面具体制度。

中国特色社会主义制度在实践中已经充分体现出在培育和提升我国国家软实力方面的制度优势，在经济全球化大潮和激烈国际竞争中显示了旺

盛生命力。

第一，以公有制为基础的中国特色社会主义经济制度因其与社会化大生产的一致性而能更好地发挥集中力量办大事的优势，为发展社会生产力开辟广阔的道路。改革开放30多年来，我国始终坚持这一基本经济制度，不仅经济保持平稳较快发展，经济实力、科技实力、人民生活水平迈上一个大台阶，而且综合国力、国际竞争力、国际影响力也相应迈上一个大台阶。这种基本经济制度在实践中表现出的优越性充分说明，这种制度可以从根本上代表中国人民的根本利益，能不断满足人民对过上美好生活的新期待，从而转化为全国人民追求幸福生活、建设强大国家、实现中华民族伟大复兴的持久驱动力，这就从根本上保证了我国能在迅速提升硬实力的同时，快速提升国家软实力。

第二，中国特色社会主义基本政治制度对培育和提升国家软实力同样起着重要的促进作用。建立在民主集中制基础上的人民代表大会制度具有广泛的代表性，通过国家权力机关统一行使国家权力，有利于保证国家机关协调高效运转，便于从容应对各种挑战和风险。正如邓小平同志精辟指出的那样，“社会主义国家有个最大的优越性，就是干一件事情，一下决心，一做出决议，就立即执行，不受牵扯”①。作为一种新型政党制度，中国共产党领导的多党合作和政治协商制度能够在充分发扬民主的基础上把各种社会力量纳入现有政治运行的框架当中，实现最广泛的有序政治参与，有效避免了西方政党制度下因不同政党和党派之间相互倾轧、明争暗斗所导致的分裂和内耗。反观其他国家因制度原因而出现的各种矛盾和问题，我们完全有理由对中国特色社会主义政治制度充满信心。正是由于中国特色社会主义政治制度所拥有的这些优势，并在国家政治生活中最大限度地凸显这些优势，才使我国政治制度的合法性和政治公信力得以确立，使西方国家向我国输入的民主模式被有效抵制，从而为提升我国国家软实力奠定了坚实的制度基础。同时，我国这种特有的民主制度所具有的独创性、先进性和可模仿性也使我国民主制度具有对他国的示范性价值，这也是国家软实力的重要表现。

① 《邓小平文选》第3卷，人民出版社1993年版，第240页。

第三，建立在中国特色社会主义基本制度基础上的各项具体制度对培育和提升国家软实力也起着十分重要的促进作用。我国在建设社会主义的过程中，曾搬用过苏联模式，实行高度集中的计划经济体制和高度集权的政治体制。尽管这一体制曾起过积极作用，但在长期的社会主义建设过程中，这种缺乏独创性、并不完全适合中国国情的体制的弊端逐步暴露出来。邓小平认为，中国社会主义建设的主要教训之一，就是过去我们机械地搬用了苏联模式。在近 40 年的改革开放实践中，我国不断对各种束缚生产力发展的僵化体制机制进行改革，使经济体制、政治体制、文化体制、社会体制等各项具体制度日益完善，社会生产力不断得到解放和发展，不仅使我国经济、军事和科技等国家硬实力大大加强，同时也使民生得到了改善，政府形象得以改进，国民素质得以提升，社会更加和谐稳定。这些不仅增强了中国特色社会主义制度的吸引力，也坚定了中国人民走中国特色社会主义道路的信心和勇气，国家软实力由此得到了相应提升。

## 三、坚定制度自信，培育和提升国家软实力

中国特色社会主义制度是中国特色社会主义事业的根本保障，因为制度问题关系到党和国家的前途命运，带有根本性、全局性、稳定性和长期性；不仅如此，国家软实力竞争在一定程度上表现为制度之争，中国特色社会主义制度作为我国国家软实力的重要来源，对于培育和提升国家软实力起着重要的促进作用。基于此，党的十八大不仅要求全党要坚定中国特色社会主义制度自信，而且提出了要增强国家软实力的战略任务。今后，要把坚定中国特色社会主义制度自信作为培育和提升国家软实力的重要途径。

首先，坚定制度自信，培育和提升国家软实力，就是要牢牢把握以公有制为主体、多种所有制经济共同发展的基本经济制度，充分发挥中国特色社会主义基本经济制度优势。要进一步完善公有制为主体、多种所有制经济共同发展的基本经济制度，把人民的整体和长远利益结合起来，最大限度地整合社会资源；进一步完善以按劳分配为主体、多种分配方式并存的分配制度，让一切劳动、知识、技术、管理和资本的活力竞相迸发，在

保持公平与效率协调统一中促进经济发展；要牢牢把握社会主义原则，坚定不移地走共同富裕的道路，让广大劳动人民共享改革发展成果。通过坚持和完善中国特色社会主义基本经济制度，增强我国经济制度吸引力和影响力，提升国家软实力。

其次，坚定制度自信，培育和提升国家软实力，就是要牢牢把握人民代表大会制度的根本政治制度、中国共产党领导的多党合作和政治协商制度、民族区域自治制度以及基层群众自治制度等基本政治制度，要积极稳妥地推进政治体制改革，注重完善人民代表大会制度，健全社会主义政治协商制度，完善基层民主制度，完善中国特色社会主义法律体系，充分发挥中国特色社会主义基本政治制度的优势。在民主政治成为人类政治文明发展的普遍趋势的情况下，西方国家往往把他们实行的议会制度、“三权分立”和多党制说成是带有普世价值的民主制度，强行推广到发展中国家，指责我国实行的人民代表大会制度、多党合作和政治协商制度等政治制度。国内一些人也认为中国的政治制度不如西方的政治制度更为民主，否认或忽视中国特色政治制度的民主功能。为了抵制西方国家对我国政治制度的指责，赢得国内外对我国现行政治制度的认可和尊重，提高我国政治制度的合法性和在国际上的声誉，必须大力发展社会主义民主政治，凸显我国政治制度的民主功能和制度优势，增强国家软实力。

再次，坚定制度自信，培育和提升国家软实力，就是要在中国特色社会主义建设实践中不断推进制度建设和制度创新，使我国的经济体制、政治体制、文化体制、社会体制等各项具体制度能日趋成熟和完备，不断适应社会生产力发展需要。要完善社会主义市场经济体制，在搞好宏观调控的前提下充分发挥市场配置资源的决定性作用，促进国民经济持续健康发展；要深化文化体制改革，扎实推进社会主义文化强国建设，不断提高全民族思想道德素质和科学文化素质；要加强生态文明制度建设，努力建设美丽中国。在推进制度建设和制度创新的过程中，要坚持以科学发展为主题，以加快转变经济发展方式为主线，建立有利于科学发展的体制机制，实现全面、协调、可持续发展，充分体现我国具体制度的灵活性和科学性，以此增强国家软实力。

毋庸讳言，由于我国发展社会主义的时间不长，中国特色社会主义制度还有许多地方需要不断成熟、不断完善，某些方面还不足以促进国家软实力有效提升。但是，我们相信，只要我国牢牢坚持中国特色社会主义基本经济制度、基本政治制度，不搞私有化、不照搬西方的政治制度，在中国特色社会主义建设实践中不断推进制度建设和制度创新，使各方面制度日趋成熟和完备，不断夯实制度根基，中国特色社会主义的制度优势必将得到更多释放和发挥，使制度认同不断扩大，制度共识不断凝聚，全国人民对中国特色社会主义制度的自信会更加坚定，国家软实力会有更大提升。

# 第五章　统一战线与国家软实力

统一战线与国家软实力建设也有密切关系。中国共产党领导的新时期最广泛的爱国统一战线，作为党执政兴国的重要法宝，且因为其在政治、思想、文化、组织、社会、人才等方面所具有的深厚基础，对培育和提升国家软实力发挥着凝聚力量、维护稳定、发展民主、促进国家统一等方面的作用。面对我国当前前所未有的发展机遇和内外挑战，必须不断巩固和扩大统一战线，把统一战线作为培育和提升我国国家软实力的战略依托，加快推进国家软实力建设，形成与我国国际地位相对称的国家软实力。为此，今后我国的统一战线工作，要继续坚持和发展党对统一战线的领导，重视民主党派在统一战线中的地位和作用，进一步发挥人民政协在统一战线中的职能和作用，大力拓展统一战线的新领域，创新统一战线工作的新形式，加强统一战线的阵地建设，不断巩固和扩大统一战线，力争促进国家软实力有较大提升。

## 第一节　统一战线在提升国家软实力中的作用

当今世界，国家之间的竞争越来越多地表现为综合国力竞争。综合国力是指一个主权国家赖以生存与发展所拥有的全部实力及国际影响力的合力。综合国力的构成要素，既包含以军事和经济为主要内容的硬实力，也包含以制度、文化和国民素质为主要内容的软实力，是硬实力和软实力的有机统一。

相对于以军事和经济为主要内容的国家硬实力而言，国家软实力主要指一国在既有文化、制度资源基础上所形成的对本国民众和其他国际行为体的影响力、感召力、吸引力、协同力与整合力。在这里，虽然国家软实力表现为国际政治行为体之间的相互作用，但是我们更加强调的是国内因素的重要性，也就是强调一国的文化、制度对国家软实力的支撑和保障作用。而且，国家软实力虽然表现为国际政治行为体之间的相互作用，具有权力的基本属性，但是这种权力并不带有任何强迫和利诱的成分，而是基于认同和向往。

在日趋激烈的综合国力竞争中，国家软实力的战略地位和作用日益凸显，越来越成为提升国家综合实力的关键要素。中国作为发展中的社会主义国家，在实现经济快速增长的同时，还必须把大力提升国家软实力作为国家一项重要而紧迫的战略任务抓紧抓好。中国共产党领导的新时期最广泛的爱国统一战线，作为党执政兴国的重要法宝，对培育和提升国家软实力发挥着极其重要的作用。

## 一、凝聚力量的作用

软实力是综合国力中的精神要素，而精神要素的一个重要方面就是国家的凝聚力。国家凝聚力，是指一个国家中不同民族、不同政党及人民群众在理想、目标、利益等一致的基础上所产生的吸引力、聚合力。① 也就是说，作为国家软实力的国家凝聚力，是一种争取人心的能力，是一种吸引他人的同化力，其发挥作用的方式是“润物细无声”的感染和吸引，而不是强制或引诱。要在我国这样一个人口众多、国情复杂的国家里把不同民族、不同政党以及有不同利益诉求的各阶层群众的力量汇集起来、凝聚起来，必须要依托一个有坚强领导能力的政党领导的、在一定的共同目标

① 孔庆榕、张磊：《中华民族凝聚力学》，中国社会科学出版社 2008 年版，第 113—114 页。

下团结其他阶级、阶层、政党及一切可能团结的力量组成的政治联盟，这个政治联盟就是统一战线。统一战线的根本任务就是要调动一切积极因素，努力化消极因素为积极因素，团结一切可以团结的力量，同心同德，群策群力，为建设社会主义现代化的国家和为实现祖国和平统一大业而共同努力。

统一战线之所以在培育和提升国家软实力方面发挥着凝聚力量的重要作用，是因为我们的统一战线建立在各方面都十分牢固的基础上。在政治方面，中国共产党坚强而正确的领导以及建设中国特色社会主义的共同理想信念，是统一战线能够有效凝聚各方面智慧和力量的前提和政治保证。在思想方面，爱国主义作为动员和鼓舞中国人民团结奋斗的一面旗帜，具有强大的感召力和凝聚力，不论统一战线内部是否存在着党派不同、观点分歧或者利益差别，只要有利于国家统一和民族复兴，就可以在爱国的旗帜下化解矛盾，消除分歧，找到共同点，这是统一战线能够增强中华民族凝聚力、提升国家软实力的思想基础，也是挫败国内外敌对势力的渗透、颠覆与和平演变阴谋的重要思想保证。在文化方面，以求同存异、体谅包容为特征的中国传统“和合”文化及其对这种文化的认同，使统一战线有可能把一切可以团结的力量团结起来，形成国家强大的凝聚力。同时，规范有序的组织结构是统一战线发挥凝聚力量作用的组织基础。中国共产党严格按照民主集中制原则，在遍布全国各地的乡镇、企业、社区都建有基层党组织，上至中央机关下至乡镇街道，广泛而有效地治理着国家和社会生活。而各民主党派的组织系统虽然规模相对较小，但作为各自所联系的一部分社会主义劳动者和一部分拥护社会主义的爱国者的政治联盟，也基本形成了全国性的组织网络。中国共产党和各民主党派这种规范有序的组织结构，为统一战线发挥凝聚力量作用提供了必不可少的组织保证。

因此，在提升国家软实力方面，统一战线发挥着争取人心、凝聚力量的重要作用。当前，面对来自国内外的各种挑战和风险，必须坚持团结合作，促进政党关系、民族关系、宗教关系、阶层关系、海内外同胞关系的和谐，调动一切积极因素，发挥统一战线凝聚力量的重要作用，形成无坚不摧的强大合力以沉着应对挑战。

胡锦涛同志在2011年党外人士迎春座谈会上指出，思想上同心同德、目标上同心同向、行动上同心同行，是中国共产党领导的多党合作和政治协商制度最鲜明的特质，是我们不断夺取革命、建设、改革事业胜利的有力保证。这是中国共产党第一次鲜明提出要打造统一战线“同心”品牌的战略思想。这里，胡锦涛所强调的“同心”思想就是要发挥统一战线凝聚力量的重要作用。可以说，“同心”就是统一战线存在和发展最坚实的根基，是统一战线鲜明特色最集中的反映，是统一战线发挥提升国家软实力作用最重要的保障。只要坚持以人为本，不断强化统一战线力量聚合效应，实现参政党与执政党同心、统一战线各界人士与党同心、党同人民群众同心，就能使国家软实力得到不断提升。

## 二、维护稳定的作用

一个国家是否稳定不仅是国家软实力的重要体现，也是发展国家软实力的前提条件。邓小平曾反复强调稳定对中国的重要性。他认为，稳定是中国实现社会主义现代化发展战略的必要前提，是中国的最高利益。中国的问题，压倒一切的是稳定。胡锦涛在庆祝中国共产党成立90周年大会上发表重要讲话指出，发展是硬道理，稳定是硬任务，没有稳定，什么事情也办不成，已经取得的成果也会失去。稳定不仅包括国家政局稳定、社会稳定，也包括政策的连续性和稳定性。其中主要是政局要稳定。如果没有一个稳定的政治局面，国家处在分崩离析的动荡之中，就不能为国家发展创造有利的条件，就无法为人民生活水平的提高提供安定的社会环境，再好的愿望也要落空，再好的计划、方案也无法实施。只有保持政局稳定和社会稳定，才能在中国这样一个大国，集中力量一心一意搞建设，才能充分利用有利的国际环境来发展自己，才能不断提升国家硬实力并发展国家软实力。

统一战线具有政治整合和社会整合功能，对于促进政局稳定和社会稳定发挥着不可替代的作用。在政治整合方面，统一战线发挥着促进政局稳定的重要作用。因为，巩固和发展统一战线与坚持和发展共产党领导的多党合作和政治协商制度是一致的。作为我国一项基本政治制度，共产党领导的多党合作和政治协商制度所体现的政党制度的显著特征在于：共产党领导、多党派合作、共产党执政、多党派参政，各民主党派不是在野党和反对党，而是同共产党亲密合作的友党和参政党；共产党和各民主党派在国家重大问题上进行民主协商、科学决策，集中力量办大事；共产党与各民主党派互相监督，必然促使共产党领导的改善和参政党建设的加强，这既避免了多党恶性争斗、相互倾轧造成的政治动荡。[①] 在建设中国特色社会主义的大目标下，中国共产党紧密团结民主党派和无党派人士，形成高度的政治认同，促进政治资源的优化配置，使统一战线的政治整合功能得到较好发挥，从而保证了国家政局具有较强的稳定性和国家大政方针政策的连续性。

在社会整合方面，统一战线发挥着促进社会稳定的重要作用。多党合作和政治协商制度以中国共产党领导为前提，以合作、协商代替对立、争斗，不仅能够避免政党互相倾轧造成的政局不稳，而且能够形成强大的社会整合力，有效化解各种社会矛盾和冲突，最大限度地减少社会内耗，保持社会和谐稳定和国家长治久安。改革开放以来，所有制结构、经营方式和分配方式的多元化，使我国社会结构分化也日益复杂，随之产生了不同的甚至是冲突的利益诉求，如果利益表达渠道不畅，很容易引起社会动荡。统一战线内部的多党合作和政治协商有助于形成多元利益表达渠道，动员广泛的社会政治资源，解决各种利益矛盾，化解利益冲突，促进社会稳定。

现阶段，我国正处于实现社会主义现代化和中华民族伟大复兴的关键阶段，既是发展的“黄金期”，也是社会矛盾的“凸显期”。在这个时期，不同政治分歧和各种人民内部矛盾因社会快速发展而呈现不断扩大之势。为此，需要发挥统一战线的政治整合和社会整合功能，在坚持党对统一战线工作领导的前提下，牢牢把握中国人民的根本利益，让参加统一战线的各民主党派和各界人士及时反映其成员及所联系群众的意见，为他们的社会政治参与提供组织、程序和途径等方面的条件，把各种利益分歧与矛盾控制在最小的范围，营造一个和谐稳定的社会政治环境，从而为发展国家软实力创造良好的政治前提和牢固的社会基础。

---

① 《江泽民文选》第 3 卷，人民出版社 2006 年版，第 144 页。

## 三、发展社会主义民主政治的作用

发展社会主义民主政治，建设社会主义政治文明，不仅是我国社会主义现代化建设的重要目标，也是国家软实力建设的重要内容。作为国家软实力的重要来源之一，一个国家政治制度的优越性及其政党价值观的先进性可以转化为极强的制度力，进而形成对本国民众和其他国际行为体的影响力、感召力、吸引力、协同力与整合力，国家软实力也会由此得到较大提升。

发展社会主义民主政治，提升国家软实力，统一战线发挥着不可替代的作用。一方面，民主是统一战线的生命和本质要求。参加到统一战线的各民主党派、无党派人士作为各自所联系的一部分社会主义劳动者、社会主义事业的建设者和拥护社会主义的爱国者的政治联盟，在共产党领导下广泛参加国家政权、参与社会事务管理，不仅是人民民主的重要体现，也为发扬社会主义民主、实现国家政治生活民主化提供了重要保障。另一方面，在统一战线不断巩固和扩大的情况下，作为统一战线重要组织形式和中国共产党领导的多党合作和政治协商的重要机构的人民政协不断强化其政治协商、民主监督、参政议政的职能，大大促进了国家政治生活的民主化。通过政治协商，中国共产党同各民主党派、人民团体及各方面的代表人士，在共同遵守宪法和基本路线的基础上，就有关国家事务和地方事务的重大问题，进行各种形式的充分讨论，集中各方面提出的正确意见，采取协商一致的原则，解决问题，这就促进了决策的民主化和科学化。民主监督是我国社会主义监督体系的重要组成部分，是在坚持四项基本原则的基础上通过提出意见、批评、建议的方式进行的政治监督。而参政议政，则是参加人民政协的各民主党派、人民团体和各族各界人士对政治、经济、文化和社会生活中的重要问题以及人民群众普遍关心的问题，开展调查研究，反映社情民意，进行协商讨论，通过调研报告、提案、建议案或其他形式，向党和国家机关提出意见和建议。统一战线在促进中国政治民主化过程中所体现的对权力制约和监督以及民主协商是具有中国特色的民主形式，符合中国的国情，具有独特的优势，是符合人类政治文明发展要求的，也是适应时代发展潮流的。

正是由于统一战线的这种民主功能，并在国家政治生活中最大限度地发挥了这种功能，才使我国的民主制度的优势得以凸显，使我国政治制度的合法性和政治公信力得以确立，并得以有效抵制西方国家向我国输入的民主模式，这些都为提升我国国家软实力奠定了坚实的制度基础。同时，我国这种特有的民主制度所具有的独创性、先进性和可模仿性也使我国民主制度具有对他国的示范性价值，这也是国家软实力的重要表现。

## 四、促进国家统一的作用

实现和保持国家独立和统一，不仅是衡量我国国家硬实力大小的一个客观标志，更是衡量我国国家软实力强弱的重要标志。因为实现国家的完全统一，是中华民族复兴的重要标志，可以增强民族凝聚力、自信心和自豪感，同时其本身就是国家软实力提升的重要表现。当前，作为中国领土不可分割的重要组成部分的台湾还未回到祖国的怀抱，国外敌对势力还会加紧利用台湾问题以及东海、南海问题制造事端，遏制中国的发展和中华民族的复兴。实现祖国的完全统一，不仅是海内外中华儿女的共同心愿，更是中国政府和人民不可动摇的意志和决心，无论在祖国统一的道路上遇到多大的艰难险阻，无论国内外敌对势力如何阻挠破坏，都动摇不了党和人民实现祖国完全统一的坚定信念和坚强决心。为此，党和国家为实现国家的完全统一提出了“和平统一，一国两制”的构想，采取了有效应对内外敌对势力阻挠破坏国家统一的措施。这种致力于实现国家统一和民族复兴大业的国家战略和贯彻这种国家战略的坚强意志和决心无疑是一种极其重要的国家软实力。

在促进国家统一这个事关提升国家软实力的重要问题上，统一战线更是起到了其他因素不能替代的作用。新时期统一战线之所以定义为工人阶级领导的、工农联盟为基础的全体社会主义劳动者、拥护社会主义的爱国者和拥护祖国统一的爱国者的联盟，就是因为新时期统一战线的性质是爱国主义的，是以爱国主义为基础的，是最广泛的爱国统一战线。它所包含的两个范围的联盟都有极强的爱国主义要求，尤其是第二个联盟更是把爱国主义作为鲜明的主题，以拥护祖国统一为基础，广泛团结台湾同胞、港澳同胞和海外侨胞，把实现祖国和平统一大业作为共同奋斗的目标。正是在爱国统一战线的旗帜下，各党派、民族、宗教、阶级、阶层，以及大陆与港澳台、海外的全球华人为实现国家统一和民族复兴勤奋工作、献计出力，使祖国和平统一大业得以不断推进。可以说，新时期统一战线是实现祖国完全统一和中华民族伟大复兴的重要法宝，是培育和提升国家软实力重要保证。

今日中国，面对日趋激烈的综合国力竞争，需要不断巩固和扩大统一战线，把统一战线作为培育和提升国家软实力的战略依托，充分发挥统一战线在凝聚力量、维护稳定、发展民主、促进国家统一等方面的独特作用，加快推进国家软实力建设，形成与我国国际地位相对称的国家软实力，提高中国国际影响力，早日实现国家完全统一和中华民族伟大复兴大业。

## 第二节　统一战线能提升国家软实力的深厚基础

中国共产党领导的新时期最广泛的爱国统一战线，作为党执政兴国的重要法宝，对培育和提升国家软实力发挥着凝聚力量、维护稳定、发展民主、促进国家统一等方面极其重要的作用。在探讨这些职能和作用的同时，还要就统一战线何以在培育和提升国家软实力方面发挥重要作用的原因作进一步分析，以期找到统一战线发挥这些作用的带有基础性的资源条件。

### 一、政治基础

统一战线在培育和提升国家软实力方面发挥重要作用的一个重要原因就是有牢固的政治基础。这个政治基础就是在坚持在中国共产党的领导下，牢固树立中国特色社会主义共同理想，坚定不移地走中国特色社会主义道路。执政的中国共产党以其政治上的先进性，能够代表最广大人民群众的根本利益，能够制定出正确的路线、方针、政策，能够赢得广泛的社会认同和广大人民的衷心拥护，成为中国特色社会主义事业的领导核心。可以说，中国共产党的领导是统一战线的灵魂，是统一战线发挥提升国家软实力作用的政治保证。

在中国共产党领导下，走中国特色社会主义道路，实现中华民族的伟大复兴，这是在当前社会意识多样化条件下一个能够代表广大人民根本利益、为社会各个阶层所广泛认可和接受的共同理想。有了这样的共同理想信念，统一战线就能够有效凝聚各方面的智慧和力量，打牢全党全国各族人民团结奋斗的思想基础，进而提升国家软实力。

## 二、思想基础

爱国主义和中国特色社会主义理论体系是统一战线在培育和提升国家软实力方面发挥重要作用的思想基础。

中华民族富有爱国主义光荣传统。爱国主义是中国人民在长期历史发展过程中形成的对自己祖国的一种最深厚的感情和高度责任感，是一个国家民族意识和民族觉悟的集中反映，是国家软实力的精神支柱。正如邓小平所指出的那样："中国人民有自己的民族自尊心和自豪感，以热爱祖国、贡献全部力量建设社会主义祖国为最大光荣，以损害社会主义祖国利益、尊严和荣誉为最大耻辱。"① 有了爱国之心，个人就能与祖国同呼吸、共命运，在关键时刻听从祖国的召唤，不惜一切代价地为祖国贡献自己的聪明才智。爱国主义是动员和鼓舞中国人民团结奋斗的一面旗帜，是维护民族团结和国家统一、推动我国社会历史前进的巨大力量，是挫败国内外敌对势力的渗透、颠覆与和平演变的重要思想保证。我们的统一战线之所以叫爱国统一战线，是因为爱国主义具有强大的感召力和凝聚力，而巩固和扩大新时期爱国统一战线，团结一切可以团结的力量，就可以早日实现祖国统一和加快推进社会主义现代化建设事业，更快提升国家综合实力。

中国特色社会主义理论体系是马克思主义中国化的理论成果，是被中国改革开放和社会主义现代化建设实践证明是正确的理论原则和经验总

---

① 《邓小平文选》第 3 卷，人民出版社 1994 年版，第 3 页。

结，是当前和今后我国发展的思想指南。坚持以中国特色社会主义理论体系为指导，走中国特色社会主义道路，就是高举中国特色社会主义旗帜。在当代中国，只有中国特色社会主义旗帜能够最大限度地团结和凝聚不同社会阶层、不同利益群体人们的智慧和力量。实践已经证明并将继续证明，只有高举中国特色社会主义旗帜，才能发展中国、发展社会主义，实现中华民族的伟大复兴。提升国家软实力，就是要使组成统一战线的各阶级、各阶层、各党派、各集团的思想求同存异，在保持思想多样化的同时，把中国特色社会主义理论体系作为主导的意识形态来统一思想，整合力量。

## 三、组织基础

规范有序的组织结构是统一战线在培育和提升国家软实力方面发挥重要作用的组织基础。中国共产党严格按照民主集中制原则，在遍布全国各地的乡镇、企业、社区都建有基层党组织，上至中央机关下至乡镇街道，广泛而有效地治理着国家和社会生活。而各民主党派的组织系统虽然规模相对较小，但作为各自所联系的一部分社会主义劳动者和一部分拥护社会主义的爱国者的政治联盟，也基本形成了全国性的组织网络。中国共产党和各民主党派这种规范有序的组织结构，为统一战线在培育和提升国家软实力方面发挥重要作用提供了必不可少的组织保证。

## 四、文化基础

一国的文化在提升国家软实力方面至关重要。在李光耀看来，只有在其他国家羡慕并期望模仿一国文化之时，其软实力才得以实现。在约瑟夫·奈看来，国家软实力的来源主要包括文化、政治价值观和外交政策。党的十七大报告指出，当今时代，文化越来越成为民族凝聚力和创造力的重要源泉、越来越成为综合国力竞争的重要因素。

统一战线之所以在培育和提升国家软实力方面发挥重要作用也是因为统一战线深深植根了中国优秀传统文化基因，有着深厚的文化基础。正是有了中国传统“和合”文化的影响和对“和合”文化的认同，才有可能把一切可以团结的力量团结起来，形成广泛的统一战线。在统一战线内部，中国共产党与民主党派是长期共存、互相监督的平等关系，在大的目标下，求同存异，谁也不吃掉谁，这种多党合作制及其平等和谐的政党关系正是中国传统“和合”文化的表现。正如罗豪才曾经说的那样，我国的政党制度，在执政党和参政党根本利益和奋斗目标一致这个大前提下，强调合作共事、民主协商，倡导求同存异、体谅包容，这恰恰体现了“和合”传统民族文化的精髓。

受中国传统文化的影响，中国人一向讲求天下一统、国泰民安、社会和谐，因而对于一个能够给自己带来安全感及幸福生活的政党及其建立的政权有着深厚的感情。中国共产党为国家的独立富强和人民的自由幸福而不断奋斗的历史，不仅博得了人民的广泛认同与支持，也赢得了民主党派心悦诚服的拥戴，正是这种强大的文化认同心理使中国共产党成为统一战线的领导力量。中国共产党领导的统一战线之所以能在中华大地上不断巩固和扩大、国家软实力尤其是中国文化软实力之所以能得以较快提升和被认同，正是因为在这里有它的文化根基，有适合它生长的土壤。

## 五、社会基础

统一战线在培育和提升国家软实力方面发挥重要作用也是因为统一战线有深厚的社会基础和广泛的群众基础。在统一战线内部发挥重要作用的各民主党派尤其如此。邓小平把各民主党派科学地定性为“各自所联系的一部分社会主义劳动者和一部分拥护社会主义的爱国者的政治联盟，都是在中国共产党领导下为社会主义服务的政治力量”。江泽民同志在2000年第十九次全国统战工作会议上强调：“民主党派的广泛性，是同其社会基础及自身特点联系在一起的。各民主党派的成员来自不同的社会阶层和群体，负有更多地反映和代表它们所联系的各部分群众的具体利益与要求的责任。”① 从统一战线工作的对象看，随着社会的发展和统一战线的进一步

---

① 《江泽民文选》第3卷，人民出版社2006年版，第145页。

巩固和扩大，人数会越来越多，而且随着不同的行业组织、中介组织、宗教组织、文艺团体、工商协会等纷纷涌现，如此数量众多、规模庞大的群体和组织都成为统战工作的对象，也说明统一战线需要有广泛而深厚的社会基础。中国在海外拥有庞大的华人网络和社会联系，通过吸纳和聚集越来越多的海外华人成为统一战线的重要对象并充分利用他们本身所具有的广泛社会关系，使得统一战线作为提升国家软实力的重要工具而具有丰厚的资源可资利用。

## 六、人才基础

构成国家软实力的诸因素是通过人来体现的，而人才的智力支持又是提升国家软实力所必需的。高度聚集的政治和社会精英是统一战线在培育和提升国家软实力方面发挥重要作用的人才保证。中国共产党作为执政党，拥有8000多万党员，集中了中国的大部分优秀人才；而8个民主党派作为参政党，有各自联系的范围和对象，党员也多达70多万，其中大多是高级知识分子和社会精英。而在目前我国的知识界，70%左右是党外知识分子，是知识分子的主体，也是统一战线的重要对象。可以说，统一战线人才济济，汇聚着各行各业、各条战线、各个领域的精英。人才云集、精英荟萃的统一战线，能为中国特色社会主义事业提供政治、经济、科学、文化、社会等各个领域的丰富的人才资源，是统一战线培育和提升国家软实力的人才保证。这里特别需要指出的是，广大的海外华人华侨，也是重要的人才资源，发挥广大海外华人华侨的智力，这是我国得天独厚的软实力优势。邓小平曾经指出："我们还有几千万爱国同胞在海外，他们希望中国兴旺发达，这在世界上是独一无二的。"[①] 只有人才基础牢固了，干部队伍建设加强了，智力支撑扎实了，国家软实力的提升才有保证。

今日中国，面对日趋激烈的综合国力竞争，需要不断巩固和扩大统一战线，把统一战线作为培育和提升国家软实力的战略依托，充分利用统一战线所拥有的独特资源优势和深厚基础，加快推进国家软实力建设，形成

① 《邓小平文选》第3卷，人民出版社1993年版，第358页。

与我国国际地位相对称的国家软实力，提高中国国际影响力，早日实现国家完全统一和中华民族的伟大复兴大业。

## 第三节 新形势下统一战线提升国家软实力的路径

中国共产党领导的新时期最广泛的爱国统一战线，作为党执政兴国的重要法宝，因为其在政治、思想、文化、组织、社会、人才等方面所具有的深厚基础，对培育和提升国家软实力发挥着凝聚力量、维护稳定、发展民主、促进国家统一等方面的作用。今后，面对日趋激烈的综合国力竞争，面对前所未有的机遇和挑战，必须不断巩固和扩大统一战线，把统一战线作为培育和提升国家软实力的战略依托，努力促使国家软实力有较大提升。

### 一、坚持和改善党对统一战线的领导

中国共产党是中国工人阶级的先锋队，同时也是中国人民和中华民族的先锋队，而统一战线，是无产阶级及其政党为了实现自己的历史使命，实现各个时期特定的战略目标和任务，团结本阶级各个阶层和政治派别，并同其他阶级、阶层、政党及一切可能团结的力量，在一定的共同目标下结成的政治联盟。

在统一战线内部，中国共产党的领导是统一战线的灵魂，如果不能坚持中国共产党的领导，中国人民和中华民族就没有了主心骨，国家发展就会偏离正确的方向，各党派之间就会你争我夺，统一战线就会破裂，国家也会四分五裂，这就根本谈不上国家软实力的培育和提升。可以说，坚持党对统一战线工作的领导，不仅是统一战线事业发展的根本保证，也是统一战线发挥提升国家软实力作用的前提和政治保证。

坚持党对统一战线的领导，发挥统一战线在提升国家软实力方面的作用，还必须改善党对统一战线的领导，这是统一战线发挥提升国家软实力作用的关键环节。毛泽东曾指出：“领导的阶级和政党，要实现自己对被领导阶级、阶层、政党和人民团体的领导，必须具备两个条件：（甲）率领

被领导者(同盟者)向着共同敌人做坚决斗争，并取得胜利；(乙)对被领导者给以物质利益，至少不损害其利益，同时对被领导者给予政治教育。没有这两个条件或两个条件缺一，就不能实现领导。”① 在当前我们党团结带领人民全面建成小康社会、推进社会主义现代化、实现中华民族伟大复兴中国梦的新形势下，坚持和改善党对统一战线的领导，这两个条件仍然完全适用。第一，作为中国特色社会主义事业的坚强领导核心的中国共产党，在坚定自身对中国特色社会主义的道路自信、理论自信、制度自信、文化自信的同时，还要通过制定和实施党的正确的路线、方针、政策并团结带领全国人民经过不懈努力，使我国的改革开放和现代化建设取得重大成就，真正使我们国家快速发展起来，使我国人民生活水平快速提高起来，并尽最大努力确保在中国共产党成立一百年时全面建成小康社会，在新中国成立一百年时把我国建成富强民主文明和谐的社会主义现代化国家。同时，要以改革创新精神全面推进党的建设，牢牢把握加强党的执政能力建设、先进性和纯洁性建设这条主线，全面加强党的思想建设、组织建设、作风建设、反腐倡廉建设、制度建设，增强自我净化、自我完善、自我革新、自我提高能力，坚持以人为本、执政为民，依靠广大共产党员的先锋模范作用，求真务实，力避空谈，扎实推进各项工作，顺利完成既定的改革开放和经济社会发展目标。只有这样，中国共产党才能不辜负人民的期待，才能赢得各民族、各党派和各界人士的衷心拥护和信赖，才能把统一战线各方面成员团结凝聚在党的周围，才能从根本上增强了党对爱国统一战线的号召力、凝聚力和向心力，进而提升国家软实力。第二，要切实维护参加到统一战线中的各党派和各界人士的利益，保障他们的合法权益；同时要引导社会各界和广大统战成员，树立只有共产党才能救中国、只有共产党才能发展中国的坚定信念，坚持用中国特色社会主义理论体系武装头脑，不断增进他们对中国特色社会主义的政治认同和思想认同，不断增强他们走中国特色社会主义政治发展道路的自觉性和坚定性。这是赢得参加到统一战线中的各党派和各界人士拥护和支持、发挥统一战线凝聚作用、提升国家软实力的重要环节。

---

① 《毛泽东选集》第4版，人民出版社1991年版，第1273页。

## 二、继续更好地发挥多党合作和政治协商的制度优势

中国共产党领导的多党合作和政治协商制度，作为我国的一项基本政治制度，是在马克思主义政党理论和统一战线学说指导下结合我国具体实际而产生的，而作为中国共产党领导的多党合作和政治协商的重要机构的中国人民政治协商会议则是中国人民爱国统一战线的组织。胡锦涛在庆祝中国共产党成立90周年大会上的讲话指出，包括中国共产党领导的多党合作和政治协商制度在内的基本政治制度、基本经济制度，以及各项具体制度，符合我国国情，顺应时代潮流，有利于保持党和国家活力、调动广大人民群众和社会各方面的积极性、主动性、创造性，有利于维护民族团结、社会稳定、国家统一。他认为，我们坚持推进政治体制改革，在发展社会主义民主政治方面取得了重大进展，一个重要的经验就是我们坚持和完善了中国共产党领导的多党合作，深入开展政治协商、民主监督、参政议政，发展最广泛的爱国统一战线。① 这说明，巩固和扩大统一战线与发挥多党合作和政治协商的制度优势、提升国家软实力具有内在必然的关系。

统一战线的历史表明，作为统一战线重要主体的各民主党派是中国共产党主要团结和联合的对象，在革命、建设和改革的各个时期，中国共产党与各民主党派风雨同舟，亲密合作，形成和发展了多党合作制度和政治协商制度。民主党派作为中国特色社会主义参政党，具有人才荟萃、联系广泛的优势，在强化我国政治制度的影响力、文化价值的感召力、国民形象的亲和力方面具有不可或缺的作用。新中国成立以来特别是改革开放30多年来，我国保持政治稳定、经济发展、社会进步和人民安居乐业的一条重要经验，就是始终坚持和完善中国共产党领导的多党合作和政治协商制度。

作为中国特色社会主义基本政治制度之一的多党合作和政治协商制度，与西方国家以竞争和争斗为特征的多党制相比，虽然具有巨大的优

① 胡锦涛：《在庆祝中国共产党成立90周年大会上的讲话》，《人民日报》2011年7月2日。

势，但在实际运作中也存在一些需要改进的地方，比如制度化建设中存在着仿效上级多、制度落实少的问题，程序缺失、运行机制存在着随意性的问题，民主党派民主监督比较“软”以及民主党派基层组织活动难以开展等问题。这就使我国多党合作和政治协商制度的优势不能充分发挥出来，从而相应削弱了统一战线在提升国家软实力方面的作用。

多党合作和政治协商制度在实际运作中存在的问题，集中到一点就是制度还不完善的问题。在新的历史条件下，为了更好地发挥多党合作和政治协商的制度优势，落实统一战线在提升国家软实力方面的职能和作用，就需要健全社会主义协商民主制度，完善协商民主制度和工作机制，推进协商民主广泛、多层、制度化发展。具体地说，就是要不断健全多党合作和政治协商的运行机制，完善中国共产党同各民主党派和无党派人士合作共事机制，完善人民政协的各项制度，进一步发挥各民主党派在人民政协中的作用，深化各民主党派在人民政协中的合作，努力形成参政党建设和人民政协自身建设科学规范的制度体系，不断推进多党合作和政治协商制度化、规范化、程序化，使多党合作和参政议政的内容、范围、程序和实施办法等在实践中有配套的切实可行的细则，力求避免合作、监督、协商流于形式。通过国家政权机关、政协组织、党派团体等渠道，就经济社会发展重大问题和涉及群众切身利益的实际问题广泛协商，广纳群言、广集民智，增进共识、增强合力，可以充分体现社会主义民主的广泛性、真实性和有效性，增强我国社会主义政治制度的吸引力，更加有效地通过统一战线来提升国家软实力。

## 三、拓展统一战线新领域，创新统一战线工作新形式

随着我国社会主义市场经济的发展和改革开放的不断推进以及我国融入全球化步伐的加快，统一战线能够在更大的空间和更广的范围内开展工作。比如，在社会主义市场经济条件下，由于政府职能的转变，政府把相当一部分过去由政府行使的权力让渡给社会，由此产生了各种新兴社会管理组织，如各类中介组织、行业协会、城市居委会、个体协会、青年联合会等社团组织，这些组织大多具有经济性、民间性、统战性的特点，自然

而然就成为统战工作的新领域。又比如，在经济全球化条件下，我国融入国际社会的程度加深，必然要求统一战线工作超越国界，拓展更加宽广的国际领域。

另外，西方国家针对中国和其他社会主义国家实施的“分化”“西化”及“和平演变”图谋实质上也是一种在社会主义国家拉拢扶植反社会主义力量的“统一战线”策略，这种策略在东欧巨变、苏联解体、独联体国家的“颜色革命”以及某些发展中国家民主化过程中都显示了巨大的威力和破坏性。在同西方资本主义国家争夺制度吸引力的较量中，我们的统一战线也应该利用全球化条件下国际间交流逐步加深的机遇，把统一战线工作领域扩展到发达资本主义国家内部，或者利用它们之间的矛盾，开展统一战线的宣传工作，通过分析资本主义制度的弊端、揭露西方国家对外政策中霸权和强权的本质来增强我国社会主义制度的吸引力，提升国家软实力。

我们也应看到，由于现代信息技术的飞速发展和人们交往方式发生的新变化，在统一战线不断开拓新领域的同时，统一战线的工作形式还必须随之不断创新。通讯更加快捷和互联网逐渐普及，这不仅为我们开展统一战线工作提供了非常便利的条件，更为统一战线工作形式的创新提供了可能。比如，统战工作可以把国际互联网作为一个庞大而密集的信息平台，把我们的统战政策以及与统战工作相关的信息在互联网上发布，并且把互联网作为社情民意的“晴雨表”，使党外干部、民主党派人士的意见和建议，民族宗教界的动态，海外华人、台湾人民对祖国统一的看法和主张等，都通过互联网及时地反映出来。这不仅增加了统战信息的时效性，而且还可以对统一战线中苗头性、倾向性的现象作出预测，从而增强统战工作的预见性和针对性，做到未雨绸缪、防患于未然。① 同时，运用现代信息技术和网络技术，还可以改变过去我们的统战工作在同西方国家争夺价值观念和意识形态话语权和主动权时反应迟钝、行动迟缓、效果不佳的劣势，形成与西方国家相抗衡的宣传攻势，以抵御和瓦解西方发达国家对我

① 张峰林：《论全球化背景下的统战工作》，《中央社会主义学院学报》2009年第3期，第40—45页。

国“分化”“西化”的政治图谋。

总之，统一战线工作必须适应新形势发展的需要，充分利用任何一个可以施展的新机会，拓展统一战线的新领域，充分发挥统一战线在提升国家软实力中的作用。

## 四、做好经济新常态下统一战线工作

当前，我国经济已经进入新常态，不论是经济发展方式、经济增长动力还是经济利益格局都正在经历一场结构性转变。在经济新常态下，我国经济增速放缓，经济下行压力加大，风险增多。为了在经济调速换挡期和经济结构转换期确保我国经济持续健康平稳发展，要根据统一战线面临的新形势、新任务和新要求，继续充分利用和发挥好统一战线的独特优势和积极作用，做好新常态下统一战线工作。

做好经济新常态下统战工作，需要在把握规律、坚持原则的前提下明确统战工作的中心任务，抓住工作重点，找准工作路径，讲究工作方法，重点要在如何促进非公有制经济“两个健康”、推动协商民主、提高统战工作法治化水平、凝聚社会正能量等方面加大工作力度，不断推动中国经济持续健康发展。

（一）把促进非公有制经济“两个健康”作为经济新常态下统战工作的中心任务

从本来的意义上讲，经济新常态就是要转变过去的发展方式，实现经济长期平稳发展。在这一转变的过程中，出现经济下行压力是不可避免的；然而现实的经济状况却不容乐观，自 2014 年以来，我国经济下行压力之大远远超出了预期。在这种情况下，需要找到能够持续推动中国经济发展的主体力量和新的增长点，也就是说需要由经济发展的主体来寻找新的经济增长点和开拓发展空间。

我国改革开放和发展社会主义市场经济的实践证明，非公有制经济和非公有制经济人士在促进我国经济快速发展方面有其独特的优势和作用。也正因为如此，21 世纪以来中国共产党就开始把促进非公有制经济人士健康成长和非公有制经济健康发展作为统一战线的一项重要工作任务。在当前我国经济下行压力继续增大的情况下，非公有制经济在促进经济增长、扩大就业、活跃市场和满足人们多样化的需要等方面依然发挥着十分重要的作用。可以说，非公有制经济在我国经济发展中扮演着越来越重要的角色，团结好非公有制经济人士十分重要。因此，为了防范中国经济可能出现的风险，确保经济持续健康发展，需要把促进非公有制经济“两个健康”作为经济新常态下统战工作的中心任务。

新常态下促进非公有制经济“两个健康”，就是要充分发挥统一战线联系广泛的优势，进一步创新工作手段、完善工作载体，通过加强与政府及其相关职能部门的联络沟通，力争为民营企业家提供和谐稳定的营商环境，尽可能地帮助他们解决企业经营过程中遇到的各种问题，并帮助资金富余的企业寻求可靠的投资渠道。此外，还要加大对以“众创”为代表的小微企业的支持力度，搭建有效的扶持平台，以激发大众创业、万众创新。在帮助和扶持民营企业健康发展的同时，促进非公有制经济人士特别是年轻一代健康成长也是统一战线中一项极为重要的工作。为此，要坚持团结、服务、引导、教育的方针，一手抓鼓励支持，一手抓教育引导，关注他们的思想，关注他们的困难，有针对性地进行帮助引导。通过教育引导使年轻一代企业家能致富思源、富而思进，做到爱国、敬业、创新、守法、诚信、贡献。只有这样才能把非公有制经济人士这类经济主体的能动性发挥出来，从而把非公有制企业的发展潜力转化成为现实的经济增长。

（二）把广泛参与多元多层的协商民主作为经济新常态下统战工作的重要途径

中国共产党领导的多党合作和政治协商制度是按照统一战线职能和要求而建立起来的极具中国特色的政党制度。这种政党制度及其在实践过程中发展起来的各种层次的协商民主形式不仅推动了中国民主政治的发展，而且由于这种制度及其实践形式有利于协调各方和集中众智，容易达成共识和凝聚力量，可以为中国经济发展创造良好的政治和社会环境，从而极大推动中国经济社会向前发展。在中国经济下行压力不断增大的新常态下，为了有效化解中国经济可能出现的风险，确保经济健康平稳发展，仍然需要不断完善我国的多党合作和政治协商制度，大力加强社会主义协商民主建设，充分发挥统一战线在促进经济社会发展方面的独特优势和积极作用，把广泛参与多元多层的协商民主作为经济新常态下统战工作的重要途径。

在经济新常态下统一战线参与多元多层协商民主，要按照坚持围绕中心、服务大局，促进经济持续健康发展，维护社会和谐稳定的方针，紧紧围绕我国经济发展中遇到的重要问题和涉及群众切身利益的实际问题，在深入开展调查研究的基础上积极建言献策，在重大经济问题决策之前和决策实施之中开展广泛协商讨论，确保党和国家机关经济决策的科学性和实效性。统一战线参与多元多层协商民主，重点是参与与统一战线直接相关的政党协商和政协协商，同时还要拓宽协商民主的渠道，积极参与政府协商、人大协商、人民团体协商、基层协商等。通过参与多元多层的协商民主，党和政府能及时了解和吸纳包括政协委员以及各民主党派、无党派人士、工商联等在内的统战人士和团体关于经济发展的意见和建议，从而能够避免或最大限度地减少经济决策的失误，促进我国经济持续健康平稳发展。

（三）把提高法治化水平作为经济新常态下统战工作的重要抓手

依法治国，作为中国共产党执政兴国的基本方略，是坚持和发展中国特色社会主义的本质要求和重要保障。面对我国发展的新形势和新任务，中国共产党召开的十八届四中全会做出了加快建设社会主义法治国家、全面推进依法治国的重大决定。党的十八大以来，以习近平同志为总书记的党中央从坚持和发展中国特色社会主义的全局出发，提出并形成了包括全面依法治国在内的“四个全面”战略布局。在“四个全面”战略布局中，全面推进依法治国不仅为顺利推进全面深化改革和全面从严治党提供法制条件，也是全面建成小康社会和确保党和国家长治久安的根本要求。

在经济新常态下，由于维护经济社会发展稳定的任务更重，面对的矛盾风险挑战更多，为了统筹社会力量、平衡社会利益、调节社会关系、规范社会行为，需要全面推进依法治国，更好地发挥法治的引领和规范作用，让法制为经济社会生活保驾护航，使我国经济社会在深刻变革中既充满生机又井然有序，以确保我国经济社会发展目标能够顺利实现。

我国经济发展进入新常态的形势和全面推进依法治国的战略布局，对统战工作提出了新的更高要求，要把提高法治化水平作为经济新常态下统战工作的重要抓手，不断提高统战工作法治化水平。首先，统一战线工作者要不断提高自己的法治素养、法治信念和法治能力。统一战线工作者作为具有一定知识文化水平和有一定技术专长的特殊群体应该是全面推进依法治国的“关键少数”，在实际经济工作中要带头守法执法，做到办事依法、遇事找法、解决问题用法、化解矛盾靠法，不断提高统战干部依法开展工作的能力。其次，要建立健全涉及统一战线的法律法规体系，比如在推动协商民主法制化制度建设方面，要在协商民主的实践中不断积累好的经验，并借鉴和吸收国外优秀合理的经验做法，使政协立法协商、专题协商、对口协商、界别协商、提案办理协商等协商民主的形式以及运作方式形成比较完善的制度规范。通过建立健全涉及统一战线的法律法规体系，不断打牢统一战线服务我国经济建设的法制基础。

（四）把互联网和新媒体作为经济新常态下开展统战宣传工作的重要平台

中国共产党统一战线战略策略最直接的出发点就是团结一切可以团结的力量，建立广泛的政治联盟，最大限度地凝聚起能够赢得战略目标实现的积极力量。因此，统一战线工作的一个重要内容就是利用一切媒体资源进行广泛地宣传、教育、引导，解疑释惑，扩大共识，不断增强人们对中国特色社会主义的道路自信、理论自信、制度自信、文化自信，为推动经济社会发展和维护社会和谐稳定服务。当前，随着我国经济发展进入新常态，在经济体制深刻变革、经济利益深刻调整和人们思想观念日益复杂多样的情况下，统一战线通过有效开展意识形态宣传教育工作，调动一切积极因素，化解一切消极因素，最大限度地凝聚社会正能量，这不仅是统一战线一项基础性、战略性工作，对确保我国经济持续健康平稳发展也具有很强的现实意义。

但必须看到，随着网络和数字技术快速发展，网络和新兴媒体越来越成为普通大众尤其是青年一代获取信息的主要途径，传统媒体的影响力逐渐式微。在当前媒体格局和舆论生态出现深刻调整和重大变化的情况下，如何净化网络空间，防止一些负面信息对我国经济持续健康平稳发展造成的干扰和破坏，如何弘扬时代主旋律、凝聚社会正能量，成为新时期统一战线工作必须直面的重要课题。因此，必须把互联网和新媒体作为经济新常态下开展统战宣传工作的重要平台，不仅要通过网络和新媒体加强与新媒体中的代表性人士沟通和联系，做好对这类群体的统战工作，还要时刻关注网络信息，及时了解人们尤其是青年人反映在网络世界里的思想状况，把握一些苗头性、倾向性的思想问题，剖析产生这些问题的深层次原因，有针对性地提出解决这些问题的对策建议，并通过互联网和新媒体及时进行互动、宣传、教育、引导。在互联网和新媒体时代，只有掌握了较强的网络舆论控制力和影响力才能牢牢把握统一战线意识形态宣传主动权，不断增强网络社会的进步和团结，从而确保新常态下经济健康持续发展。

## 五、加强统一战线的阵地建设

改革开放以来，统一战线内部在坚持社会主义制度和共产党的领导地位、社会主义现代化建设目标以及在祖国统一和民族振兴等问题上有着广泛的共识，我国社会的一致性有了很大的发展，这是统一战线发挥培育和提升国家软实力作用的基础。但必须看到，在我国社会一致性不断增强的同时，随着我国经济、社会结构的深刻变化，出现了多种经济成分、多种分配方式，产生了许多新的利益群体和社会组织，同时人们的思想日趋活跃，自主性、差异性明显增强，多阶层、多党派、多民族、多宗教的格局继续存在且其内部状况发生新变化，加上香港、澳门回归后所形成的不同社会制度、不同意识形态和不同生活方式共同存在的局面，使统一战线内部出现了巨大差异性和多样性。尤其是由于西方国家历来对中国所进行的“分化”“西化”及“和平演变”的战略攻势又有逐步加大的趋势，统一战线的凝聚功能受到一定程度的削弱，对提升国家软实力产生了不利影响。这就决定了在新的历史条件下，必须加强统一战线的阵地建设，巩固和发展统一战线，不断提升国家软实力。

加强统一战线的阵地建设，首先必须巩固统一战线的国内阵地。第一，中国共产党要牢牢把握在统一战线中的领导权和主动权，巩固其固有的政治权威，增强统一战线内部接受中国共产党领导的自觉性和坚定性，这是巩固统一战线固有阵地、提升国家软实力的关键。第二，充分发挥统一战线在整合利益、协调关系方面的特有优势，既要建立不同利益诉求畅通的表达渠道，又要采取有效措施及时化解各种社会矛盾，排解不满情绪，消除各种政治力量的异化倾向，并使弱势群体的利益得到适当的照顾，这是巩固统一战线固有阵地、重塑统一战线凝聚力和培育国家软实力的重要途径。第三，要重视思想文化建设，要坚持用社会主义核心价值体系引领社会思潮，坚定建设中国特色社会主义的理想信念，在吸取外来文化先进成分的同时，弘扬以爱国和“和合”为主要内容的优秀传统文化以抵御西方不良文化的侵袭，这是巩固统一战线固有阵地、培育和提升国家软实力的思想文化基础。[①] 当前，随着十八大的胜利召开，中国共产党正以新的自信、新的形象带领中国人民在新的历史起点上阔步前行，要以此为契机，以建设中国特色社会主义为共同理想，以实现中华民族伟大复兴这一“中国梦”为号召，高举爱国主义、社会主义旗帜，巩固和发展最广泛的爱国统一战线，进一步筑牢统一战线的固有阵地，从而使国家软实力有更大的提升。

在巩固统一战线国内阵地的同时，还必须巩固和扩大统一战线的国外阵地，这是改善我国国家形象、提高中国国际地位、发挥统一战线提升国家软实力作用的又一重要途径。一方面，要利用海外华侨华人及留学人员数量多、分布广、爱国情感浓等优势，加强对海外侨胞及留学人员的统战工作，并以海外中国人特有的吃苦耐劳、勇于拼搏、尽职尽责的品质，作为展示中国国家软实力的重要窗口。另一方面，利用经济全球化和入世后我国与其他国家人员往来增多、经贸交流扩大、彼此了解加深的有利条件，主动开展各种形式的联谊活动和文化交流活动，拓展统一战线的宣传阵地，改变外国特别是西方国家及其民众对我国的负面印象。同时，要联合广大发展中国家，在国际事务中维护发展中国家的利益，把发展中国家作为巩固统一战线的重要国际阵地，使中国统一战线在凝聚广大发展中国家力量、提升发展中国家在国际事务中的发言权和影响力方面发挥重要作用。

中国革命和建设的历史经验证明，在中国共产党的领导下，团结一切

---

① 张峰林：《论全球化背景下的统战工作》，《中央社会主义学院学报》2009 年第 3 期。

可以团结的力量，调动一切可以调动的积极因素，化消极因素为积极因素，结成最广泛的统一战线，是战胜困难、夺取革命和建设胜利的重要保证，是中国共产党在政治上的一个巨大优势。在当前我国改革发展的关键时期，在前所未有的机遇和挑战面前，在日趋激烈的综合国力竞争中，要一如既往地巩固和扩大统一战线，充分发挥统一战线这个党执政兴国的重要法宝，适应当代世界发展的潮流，针对已经发生重大变化的国内国际形势，按照国家发展的新要求，努力探索统一战线有利于培育和提升国家软实力的有效途径，不断增强中国特色社会主义的凝聚力和吸引力，使我国在新一轮国际竞争中进一步提升综合国力，早日实现中华民族伟大复兴的宏伟目标。

# 第六章　高校思想政治教育与国家软实力

意识形态吸引力是国家软实力的重要组成部分，意识形态建设在提升国家软实力中的作用十分重要，思想政治教育是国家意识形态建设的重要途径，而提高当代大学生思想政治素质是国家意识形态建设的核心任务。由于当代大学生思想政治水平和道德素质还不完全令人满意，需要对大学生进行理想信念教育和社会主义核心价值体系教育，使他们自觉践行社会主义核心价值观，有效抵御西方意识形态对他们的渗透和冲击。针对当代大学生不同程度地存在着的对马克思主义信仰迷茫的现状，需要找到有说服力的现实依据才能对大学生进行有效的马克思主义理想信念教育，才能帮助他们确立马克思主义的科学信仰。高校思想政治教育重在以德育人，大学和谐德育能够为高校思想政治教育提供新视角，应按照大学和谐德育的要求探索高校思想政治教育的有效途径。思想政治理论课教师作为大学思想政治教育工作队伍的重要主体，要以高尚师德、人格魅力、学识风范教育、感染大学生，搞好思想政治理论课教学，着力提升大学生的思想政治素质，为培育和提升国家软实力打下坚实的人才基础。

# 第一节　高校思想政治教育与意识形态建设

## 一、意识形态吸引力是国家软实力的重要组成部分

马克思主义的唯物史观认为，意识形态是一定的阶级、集团基于自身利益对现存社会关系自觉反映而形成的认知体系，由一定的政治、法律、哲学、道德、艺术、宗教等方面的学说、观点构成，反映了一定阶级或集团的利益和价值取向，并为其服务，成为其政治纲领、行为准则、价值取向的理论依据。

国家软实力不仅包括文化软实力、科技软实力、制度软实力、对外软实力和国民素质，还包括意识形态软实力。意识形态作为一套反映一个国家统治集团利益和要求、有明确世界观和方法论指导、能够进行自我规定和自我辩护的信念体系，不仅能够整合一个国家内部的各种关系，提高社会凝聚力，形成社会价值共识，而且通过各种途径和方式将其传播和投射到其他国家，能够增强该国意识形态的吸引力，达到影响他国的目的。就国家软实力所包括的各个要素而言，处于核心和统摄地位的就是国家的意识形态。作为构成国家软实力资源的关键要素，一个国家的意识形态是否被重视和有效构建，主流意识形态是否被国内外高度认同，意识形态是否具有强大的吸引力和凝聚力，既是关系到国家前途命运的政治问题，也是展示国家形象、衡量国家软实力大小的重大问题。

## 二、我国意识形态建设的现状

当前，我国意识形态建设的现状不容乐观。

（一）国家意识形态安全问题突出

第二次世界大战以来，西方国家十分重视意识形态在其外交中的地位和作用，一直强调其政治制度和价值观念的优越性，不断向第三世界国家兜售它们的自由、民主、人权等观念，尤其对社会主义国家变本加厉地进

行资本主义意识形态渗透。中国作为社会主义国家，一直是西方国家利用意识形态强势地位进行和平演变的主要对象。在东欧剧变、苏联解体后，西方国家更是不遗余力地对中国进行意识形态渗透。

在信息化和全媒体时代，政治、经济、文化相互交融的程度进一步加深，西方发达国家利用其自身的经济和技术优势不断加紧对中国进行意识形态渗透。西方学者伯努瓦指出：“资本主义卖的不再仅仅是商品和货物，它还卖标志、声音、图像、软件和联系，这不仅仅将房间塞满，而且还统治着想象领域，占据着交流空间”①。美国学者罗斯科普夫在美国《外交政策》上撰文指出：“美国信息时代外交政策的核心目标应当是主导整个媒体，如同英国当年控制海洋一样。”美国政府官员就曾公然宣称，中美之间的经贸关系越发展，美国就能越多地把它的文化和价值观带进中国，从而导致中国更多地接受西方的价值观。这说明，意识形态的斗争并没有随着全球化的进程结束，反而成为西方国家向我国输出资本主义价值观和主导全球化进程的一把利器。可以说，西方价值观和各种思潮正利用知识经济时代信息的高效传播性、渗透性大举入侵我国。

由于西方国家意识形态的强势地位和持续不断地对我国进行意识形态方面的强力渗透，我国主流意识形态正不断地被侵蚀。当前，对我国影响比较大的西方社会思潮，主要是新自由主义、民主社会主义和历史虚无主义思潮。这些西方社会思潮以不同形式、不同手法在国内大肆传播，给人们带来了思想混乱和信仰危机，侵蚀着民众的政治认同，影响甚至动摇国家政治稳定的基础，对我国社会主义意识形态安全构成比较大的威胁。

当前，在全球化、信息化、网络化条件下，文化与政治、经济相互交融，西方文化渗透的手段更加多样，它们借助互联网、广告、电影电视、报纸杂志、高层论坛、学术交流研讨、讲座培训、基金会资助等各种方式和手段对我国进行意识形态渗透。因此，文化软实力竞争日趋激烈，维护国家意识形态安全的问题更加凸显。如何抵御国际敌对势力借助文化渗透对我国进行的“西化”“分化”，仍然是我国在意识形态软实力建设过程中

---

① ［法］阿兰·德·伯努瓦著，王列等译：《面向全球化》，中央编译出版社 1998 年版，第 10 页。

必须高度关注的重大问题。意识形态安全与否，正如习近平总书记所说，“事关党的前途命运，事关国家长治久安，事关民族凝聚力和向心力”①。

（二）整个社会思想道德建设存在一些不容忽视的问题

我国在对外开放和实行市场化经济改革的过程中，由于没有很好地做到精神文明与物质文明协调发展，致使人们思想道德领域出现了一些与社会主义意识形态和主流价值要求极不相称的情况，腐朽的、低级趣味的东西得到了一定程度的宣扬和吹捧，尤其是当前我国正处于社会转型的关键时期，深层次的社会矛盾凸显，一些人理想信念动摇、道德失范、精神空虚、价值观扭曲、思想认识模糊。比如，当前我国出现的卖淫嫖娼十分猖獗的现象，本来就很能说明一些人信仰缺失，道德水平低下，然而2014年东莞进行大规模扫黄行动这样一个弘扬社会正气的正义之举，却引来了某些人非议，唱起了“卖淫有理、色情无罪”之类的反调，甚至出现了“东莞挺住”等令人极为诧异的杂音怪论。在这些人的眼里，这类社会丑恶现象不仅不该报道，更不能打击。如此是非不分、善恶不辨、美丑不明的荒谬观点，足以说明当今我国社会思想道德建设所面临的严峻形势。如果对这些错误思想不加以制止，任其蔓延，将对我国经济社会健康发展造成极大危害。

历史证明，一个国家和民族，贫弱落后固然可怕，但更可怕的是精神空虚。失去了理想信仰，内心没有约束，行为没有顾忌，再多的外部要求，也会“法令滋彰，盗贼多有”；丢失了主导价值，没有了明确准则，冲破了道德底线，再丰裕的物质生活，也难免“金玉其外，败絮其中”②。

因此，身处大发展、大变革的中国，必须用社会主义核心价值观来正本清源、引领思潮、凝聚共识，构建国民的精神家园，有效地防止拜金主义、享乐主义和极端个人主义的滋长蔓延。

（三）大学生思想道德状况也不能令人满意

当前，虽然高校大学生思想政治教育总体上继续保持积极、健康、向

---

① 《胸怀大局把握大势着眼大事 努力把宣传思想工作做得更好》，《光明日报》2013年8月21日。

② 《人民有信仰，国家才有力量——论弘扬社会主义核心价值观》，《人民日报》2014年2月12日。

上的发展态势，大学生的整体道德素质也在不断提高。但不可否认的是，随着我国对外开放不断扩大和社会主义市场经济的深入发展，大学生的思想道德教育也面临着严峻挑战。一方面，西方国家利用我国对外开放之机不断对我国进行资本主义价值观和意识形态渗透。由于年轻大学生的世界观、人生观、价值观尚未成熟，他们对西方的新自由主义、民主社会主义和历史虚无主义等思潮缺乏辨别能力，受其影响，在一些重大政治原则问题上有些大学生缺乏是非标准，甚至出现对社会主义价值观念排斥和抗拒的心理。另一方面，我国社会正处于社会转型变革的关键时期，必然会导致大学生在思想认识、政治取向、价值观念上出现多元化的趋向。加之，一些大学生被当下存在的不良社会风气所侵染，拜金主义、功利主义、享乐主义在他们的思想行为中有一定市场，为人处世功利化倾向明显，缺乏对国家、社会、他人的责任担当，往往将物质利益和个人利益放在首位，缺乏奉献精神和集体主义观念。更有甚者，有的大学生心智极不成熟，嫉妒心强，往往为了一点小事或矛盾就失去理智，冲破底线，犯下难以饶恕的罪过。因此，针对当前大学生中不同程度地存在着的政治意识淡漠、政治信仰迷茫、理想信念模糊、价值取向扭曲等问题，必须引起高度重视，加大高校思想政治教育的力度。

## 三、国家意识形态建设的重要性

意识形态是国家发展之魂，是国家软实力的体现和构成要素。一个国家的意识形态是否被重视和有效构建，主流意识形态是否被高度认同，意识形态是否具有强大的吸引力和凝聚力，对于一个国家的发展和综合国力的提升具有十分重要的意义。因此，作为国家发展之魂的意识形态建设，在国家软实力建设中居于核心和统摄地位。

### （一）加强国家意识形态建设，能够增强政权的合法性、确保政局稳定

主流意识形态构成一个社会思想文化的中枢和支柱，构成一个民族精神信仰的基础和载体，“起着扩大政治认同、进行政治整合、规范政治行

为、增强政治体系的合法性、促进政治稳定的作用”①。能够被普遍认同的主流意识形态可以为任何一种政权提供政治合法性。一旦这种合法性不再存在，其政权也就失去存在的理由。苏联、东欧国家的共产党之所以丧失政权，很大程度上就在于这些社会主义国家在国家建设的各个方面没有真正体现出社会主义意识形态的优越性和吸引力，国民普遍失去了这种意识形态的认同和接受，在西方国家和平演变的资本主义意识形态进攻面前更难以筑牢国内意识形态阵地，丧失了掌握意识形态工作的领导权和主导权，最终导致国家分崩离析。正如胡锦涛同志指出的：“意识形态工作是党的一项十分重要的工作，经验告诉我们，经济工作搞不好要出大问题，意识形态工作搞不好也要出大问题。”②

（二）加强国家意识形态软实力建设，有助于形成社会价值共识，提高社会凝聚力

意识形态是国家凝聚力和向心力的精神力量，这种凝聚力和向心力作用的发挥既有赖于政府与社会基于意识形态之上的有效沟通，也有赖于意识形态对不同社会群体舆论的引导和整合。一方面，意识形态作为一种软力量，是政府和社会两者进行沟通的有效手段。加强国家意识形态软实力建设，使政府通过意识形态的有效表达，向社会传达政府为民服务的诚意；而社会又能够充分理解政府的意图，对政府产生信任感，这就形成了政府与社会之间的良性互动和有效沟通，最大限度地避免政府和社会之间可能出现的冲突。另一方面，主流意识形态是调节和整合社会群体的有效手段。在发展市场经济的条件下，必然会产生不同的社会群体，而不同的社会群体因为利益不同会有不同的价值追求，这就需要有一个能被社会各阶层普遍接受的主流意识形态。加强国家意识形态软实力建设，能够对不同社会群体进行舆论引导和意见整合，从而有助于形成社会价值共识，提高社会凝聚力。

总之，社会主义意识形态建设十分重要，它事关党和国家的全局，事关中国特色社会主义事业的顺利发展，事关社会和谐稳定、国家长治久

① 张雷声：《论马克思主义与意识形态》，《马克思主义理论学科研究》第4辑，高等教育出版社2009年版，第23页。

② 《十六大以来重要文献选编》（中），中央文献出版社2008年版，第684页。

安。面对当前我国社会主义意识形态被西方国家意识形态强力渗透、被国内部分民众误读而有可能被弱化的危险，要充分认识意识形态在提升国家软实力中的关键作用，把意识形态建设放到核心和统摄全局的高度抓紧抓好，用社会主义核心价值观引领社会思潮，用中国特色社会主义共同理想凝聚力量，把民族精神和时代精神作为实现中国梦的精神支撑，筑牢我国社会主义意识形态高地，不断彰显社会主义意识形态作为国家软实力的优越性和吸引力。

## 四、思想政治教育是国家意识形态建设的重要途径

思想政治教育是社会或社会集团用一定的思想观念和道德规范对其成员施加有目的、有计划、有组织的影响，使他们形成符合一定社会或一定阶级所需要的思想品德的社会实践活动。而国家意识形态建设就是要使国家主流的政治思想和价值观念得到全社会的认同和接受，转化为建设国家的巨大精神力量。因此，从本质上讲，思想政治教育与国家意识形态建设具有内在一致性。

中国是社会主义国家，社会主义意识形态作为我国软实力的重要组成部分，为中国特色社会主义建设事业提供理论依据、思想基础和精神支柱。而要让社会主义意识形态为中国的广大民众接受和认同，需要通过开展各种形式的思想政治教育，使之内化于心、外践于行，从而转化为具有强大吸引力的国家软实力。因此，思想政治教育是国家意识形态建设的重要途径与重要环节，它直接参与到国家意识形态建设的全过程，国家意识形态建设的许多内容需要直接在思想政治教育领域展开。

## 五、对大学生进行思想政治教育的几个着眼点

大学作为对大学生进行高等教育的机构，是知识和人才的荟萃之地，不仅拥有大量重要的软实力资源，也是软实力资源转化为现实软实力的重要平台，更是国家软实力竞争的前沿地带。大学生是国家和民族重要的人才资源，是民族的希望，是祖国的未来。同时，大学生可塑性很强，

处于世界观、人生观、价值观形成的关键时期，因而也是西方国家进行意识形态渗透的主要对象。因此，提升国家软实力必然要把大学校园作为国家意识形态建设的主阵地，把提高当代大学生思想政治素质作为国家意识形态建设重要而紧迫的任务。而要把当代大学生培养成中国特色社会主义事业的合格建设者和可靠接班人，让他们认同和接受社会主义意识形态，就必须对大学生进行思想政治教育。针对当前大学生思想实际和我国意识形态建设的现状，对大学生进行思想政治教育应该从以下几个方面着手：

（一）对大学生进行理想信念教育

理想信念是人们对未来的向往和追求，是人们世界观、人生观和价值观在奋斗目标上的集中体现。理想信念对人们的思想言行具有决定性影响。一个人有了坚定正确的理想信念，就能不懈努力，一往无前，执著追求；一个民族有了坚定正确的理想信念，就能披荆斩棘，百折不挠，攻坚克难。习近平总书记形象地指出："理想信念就是共产党人精神上的'钙'，没有理想信念，理想信念不坚定，精神上就会'缺钙'，就会得'软骨病'。"① 理想信念对于青年大学生的健康成长尤为重要。大学生正处于人生关键时期，可塑性强，大学生一旦形成了正确的理想信念，就会有远大的人生目标和明确的努力方向，就能对社会、对国家做出更多的贡献。正如习近平总书记所指出的那样，青年一代有理想、有担当，国家就有前途，民族就有希望，实现中华民族伟大复兴就有源源不断的强大力量。因此，对大学生进行理想信念教育，是思想政治教育的核心。以理想信念为核心，深入开展树立正确的世界观、人生观、价值观教育，是加强和改进大学生思想政治教育的核心任务。

对大学生进行理想信念教育，首先要对大学生进行中国特色社会主义共同理想的教育。因为，中国特色社会主义共同理想反映了中国社会发展的规律，体现了中国人民的根本利益和愿望，是号召全国各族人民团结奋斗的精神旗帜。只有树立这样的共同理想，才可以把大学生个人的人生追

① 《习近平在十八届中共中央政治局第一次集体学习时的讲话》，新华网，2012 年 11 月 19 日。

求与党在社会主义初级阶段的目标、国家的发展、民族的振兴紧密联系在一起，使大学生始终保持昂扬向上、积极进取的精神状态，焕发出为祖国繁荣富强贡献青春力量的强大斗志。对大学生进行中国特色社会主义共同理想的教育，就是要认真学习中国特色社会主义理论体系的精神实质，坚定中国特色社会主义道路自信。其次，对大学生进行理想信念教育，要帮助大学生确立马克思主义的科学信仰。马克思主义正确揭示了人类历史的发展规律，为人们认识世界和改造世界提供了科学的立场、观点和方法，其严密的科学体系、鲜明的阶级立场和巨大的实践指导作为我们党和国家的根本指导思想，是社会主义核心价值体系的灵魂。马克思主义代表了人类崇高的理想追求，是真理之真与价值之真的统一，是合规律和合目的的统一。毫无疑问，当代大学生应确立马克思主义的科学信仰，这对于大学生成长成才具有重要意义。然而，由于受到各种复杂因素的多重影响和各种不良社会风气的侵染，一些大学生出现了对马克思主义信仰动摇甚至缺失等问题，有的大学生即使口头上称信仰马克思主义，但对马克思主义信得不真不诚，将马克思主义“口号化”和“标签化”。帮助大学生确立马克思主义的科学信仰，就需要大学生认真学习马克思主义理论，以马克思主义的理论成果武装头脑，以马克思主义的立场、观点、方法来认识世界和改造世界。当然，加强对大学生的理想信念教育，要坚持以人为本，尊重个性，并且要贴近大学生思想实际和生活实际，在潜移默化中增强他们的社会责任感，坚定中国特色社会主义的理想信念。

（二）对大学生进行社会主义核心价值体系教育，使他们自觉践行社会主义核心价值观

社会主义核心价值体系是社会主义意识形态的本质体现，是社会主义制度在价值层面的本质规定，是全党全国各族人民团结奋斗的共同思想基础。党的十八大在社会主义核心价值体系的基础上又凝练出社会主义核心价值观，在全社会倡导的富强、民主、文明、和谐，自由、平等、公正、法治，爱国、敬业、诚信、友善，从国家、社会、公民三个层面明确了相应的价值目标、价值取向、价值准则，这是社会主义核心价值体系的凝练表达。社会主义核心价值观是人生奋斗的梦想之舵，是中华民族的精神之钙，是当代中国的兴国之魂。培育和践行社会主义核心价值观，

有利于更好地弘扬共同理想、凝聚精神力量、建设道德风尚，使我们国家、民族、人民在思想和精神上强起来。因此，培育和践行社会主义核心价值观，是凝聚全社会价值共识的重要任务，是提升国家文化软实力的根本举措。对大学生进行思想政治教育，加强国家意识形态建设，就需要对大学生进行社会主义核心价值体系教育，用社会主义核心价值体系引领思潮，帮助大学生抵制各种错误思想对他们的渗透和侵蚀，不断增强社会主义意识形态对大学生的吸引力和感召力，让社会主义核心价值观成为大学生群体自觉的个人意识和行为规范，自觉践行社会主义核心价值观。

（三）积极应对西方意识形态对我国大学生的渗透和冲击

西方国家加紧对中国进行意识形态渗透，它们选择的重点人群就是中国的当代大学生，因为在网络信息极易获得的当下，大学生普遍有大量时间上网，容易受各种良莠不齐信息的影响，而且因为年轻，缺乏足够强大的抵御洗脑、分辨是非的能力，看不清西方国家传播的自由、民主、人权等所谓“普世价值”的实质和危害。受西方资产阶级意识形态的渗透和蛊惑，一些大学生对我国社会主义意识形态产生了怀疑甚至抵制的心理。对此，必须引起高度重视，尽早采取有效措施积极应对西方意识形态对我国大学生的渗透和冲击。一是在对大学生进行思想政治教育时要及时地对发生在西方国家的一些典型事件进行客观分析和评价，帮助大学生认清西方价值观的实质，筑牢抵御西方意识形态渗透和冲击的防线。比如，近几年来在美国等西方国家发生了金融危机、主权债务危机、“棱镜门”事件、“占领华尔街”行动、美国白宫关门事件以及其它引起人们关注的轰动事件，要以这些事件为生动教材，探究这些事件的起因和导致的后果，分析其背后所隐藏的制度问题，以此说明西方资本主义意识形态的内在缺陷。二是要认识到在国际话语体系上和意识形态竞争中“西强我弱”的态势在短期内难有根本性改变，应当做好长期斗争的思想准备，从细节入手去做大量打基础的工作，大力培育和提升国家的软实力，不断增强中国制度和意识形态方面的吸引力和影响力。

## 第二节 当代大学生马克思主义科学信仰的确立

### 一、当代大学生的马克思主义信仰现状

信仰是人们对某种理论、学说、主义的信服和尊崇，并把它奉为自己的行为准则和活动指南。信仰表达着一个人做什么或不做什么的根本准则和态度。信仰属于信念，是信念的一部分，但信仰不是一般信念。在每个人信念体系中，信仰是最高层次的信念，是信念最集中、最高的表现形式，对其他信念具有最大的统摄力，代表了一个人的基本社会信仰。坚定的信仰可以明确人生奋斗目标、提供人生前进动力，成为人的精神支柱，因而对人生具有重要的作用。有无科学的、正确的信仰，是决定每个人的人生是高尚还是庸俗，是充实还是空虚的重要因素。对于作为我们国家和民族重要人才资源的当代大学生而言，他们的信仰状况直接关系着党和国家的前途与命运。当代大学生需要确立的信仰不是对虚幻的世界、不切实际的观念、荒谬的理论的盲目相信或狂热崇拜，他们所要确立的信仰应该是在社会实践活动中，对以事物发展规律的正确认识为基础的思想见解或理论主张的坚信不疑并身体力行。马克思主义正确揭示了人类历史的发展规律，为人们认识世界和改造世界提供了科学的立场、观点和方法，并以其严密的科学体系、鲜明的阶级立场和巨大的实践指导作用而成为我们党和国家的根本指导思想，成为社会主义核心价值体系的灵魂。马克思主义代表了人类崇高的理想追求，是真理之真与价值之真的统一，是合规律和合目的的统一。毫无疑问，当代大学生应确立的是马克思主义的科学信仰，这对于大学生的成长成才具有重要意义。

然而，随着我国对外开放不断扩大和社会主义市场经济的深入发展，我国社会经济成分、组织形式、就业方式、利益关系和分配方式日益多样化，人们思想活动的独立性、选择性、多样性和差异性日益增强。这些虽然有利于大学生树立自强、创新、成才、创业等意识，但同时也对大学生思想政治教育造成一些不容忽视的负面影响。一些大学生不同程度地存在

政治信仰迷茫、理想信念模糊、价值取向扭曲等问题。有的大学生以实惠论来看待自己的信仰问题，认为确立马克思主义信仰，解决不了当前的实际问题，还是“实惠”为好；有的大学生以渺茫论来对待马克思主义信仰，认为马克思所设想的共产主义社会是一种“渺茫的幻想”，可望而不可即。不少大学生对马克思主义不感兴趣，甚至对马克思主义产生怀疑和动摇。

当一个人对某种理想和信仰开始淡漠和虚无的同时，那么一定开始了对另一种理想和信仰的追求和确定。[①] 因此，如果我们不用科学的信仰去占领当代大学生思想阵地，那么其他一些落后、低俗、反动的信仰就会乘虚而入，他们就会迷失其正确的终极价值目标。由于对马克思主义的无知、冷漠甚至偏见，有些当代大学生无法牢固树立马克思主义的科学信仰；同时，由于部分大学生认知方式偏于情感化，他们对我国对外开放和发展社会主义市场经济过程中的一些负面现象感受颇深，资产阶级的价值观念如拜金主义、享乐主义、个人主义对他们有着实实在在的影响。因此，必须解决好信仰问题，加强对当代大学生的马克思主义信仰教育。

马克思主义信仰教育还需注意正确的方式方法。在对大学生进行马克思主义信仰教育时，有的教师单纯地引用书本上的一些套话或大话应付了事，教学内容滞后、空洞、远离现实，教育教学形式呆板、方法单一；有的教师对马克思主义基本理论、基本观点缺乏系统深入的研究，理解得不深不透，课堂讲授缺乏吸引力、说服力；更有甚者，有些教师也不同程度地存在对马克思主义信仰的模糊认识，有的甚至持怀疑、反对态度，在课堂教学过程中，往往在这个问题上不是进行错误引导就是避重就轻而不予强调，而对于学生们关心、困惑的社会“热点”“疑点”“难点”问题不能给予符合马克思主义立场的合理解答。这不但不能引起大学生的共鸣，反而会引起他们的反感，因而达不到教育的目的。

① 刘宁：《关于理想问题的三点思考》，《马克思主义研究》2000 年第 4 期。

## 二、确立大学生马克思主义科学信仰的路径

针对大学生中不同程度地存在着对马克思主义信仰迷茫的这种思想现状，需要认真对待大学生群体中在个人信仰问题上出现的彷徨和困惑。这不仅要用马克思主义世界观和方法论指导大学生更好地成长成才，还要以富有说服力的事例和现实证据使大学生清醒地认识到确立马克思主义的科学信仰的重要意义，帮助大学生逐步确立马克思主义的科学信仰。

### （一）用马克思主义世界观和方法论指导大学生更好地成长成才

信仰是一种精神活动，存在于主体的精神世界中，但决不局限于单纯的精神活动。信仰产生并作用于社会主体的活动中，体现在信仰主体的行为中，具有强烈的实践性。我们说马克思主义是真理，并不仅仅因为马克思主义为我们指出了资本主义必然被社会主义所取代的历史必然性，而且在于马克思主义在分析问题时所坚持的科学态度和运用的科学的分析方法，因此，马克思主义能为我们提供正确的世界观和方法论指导，成为我们认识世界和改造世界的强大思想武器。恩格斯说："马克思的整个世界观不是教义，而是方法。它提供的不是现成的教条，而是进一步研究的出发点和供这种研究使用的方法。"① 邓小平曾说："马克思主义从来不是教条，而是行动的指南。它要求人们根据它的基本原则和基本方法，不断结合变化着的实际，探索解决新问题的答案。"②

当代大学生确立马克思主义的科学信仰，最重要的是学习和掌握马克思主义的世界观和方法论，在解决实际问题的过程中自觉运用马克思主义的立场、观点和方法。然而，对于有些大学生来说，现实的情况是，他们对马克思主义知之甚少，或对马克思主义一知半解，根本没有掌握马克思主义的体系，不能领会马克思主义的精神实质，他们中的大部分人甚至连一篇完整的马克思、恩格斯、列宁等的著作都没有读过，这表明他们对马克思主义信仰缺乏深层次的坚定而持久的理论支撑，对马克思主义的信仰

---

① 《马克思恩格斯文集》第 10 卷，人民出版社 2009 年版，第 691 页。

② 《邓小平文选》第 3 卷，人民出版社 1993 年版，第 146 页。

只能处于感性化的肤浅层次上，更谈不上对马克思主义的自觉运用。对于很多大学生而言，他们还没有真正体验过自觉运用马克思主义对于自己的成长成才所具有的重大指导作用。因此，要用马克思主义世界观和方法论指导大学生，使他们清醒认识到确立马克思主义的科学信仰对他们成长成才的重要性。

只有坚持马克思主义的立场、观点和方法，才能正确认识经济社会发展的规律，才能正确认识社会思想意识中的主流和支流，才能在错综复杂的社会现象中看清事物的本质，明确发展的方向；只要我们在人生发展的每一个时期，在遇到的每一个人生重大事件中，有意识地自觉运用马克思主义的立场、观点和方法看待和处理问题，我们就能从容地面对所遇到的一切困难和挫折，就能游刃有余地解决前进中的一切问题；在现实生活中，大学生只有参加内容丰富、形式多样的社会实践，运用马克思主义基本原理和方法去认识、分析、解决问题，在社会实践中体察民情、了解社会，才能开阔视野，增长才干，增强社会责任感。

当然，在大学生中不乏因确立马克思主义科学信仰并自觉践行马克思主信仰而取得人生辉煌的成功事例，要通过大力宣传他们的成功经验对大学生进行引导和感化，用活生生的事例来证明确立马克思主义科学信仰对大学生成长成才的重要性。

当大学生掌握了马克思主义理论并在内心深信不疑之后，就会将理论内化为信念并转化为信仰，自觉地把个人的成长成才与国家的富强繁荣乃至与全人类的解放紧密联系起来，身体力行，报效祖国，奉献社会，体验信仰马克思主义的意义与价值，增强实践马克思主义信仰的信心，创造有价值的人生。

（二）用马克思主义观点和分析方法能帮助大学生在纷繁复杂的思想冲击下认清事物的本质，看清思想的主流，把握未来发展的方向

在中国改革开放过程中，资本主义的全球强势扩张和各种西方思潮的侵蚀，对当代中国的价值观念和思想界造成比较严重的冲击，使我国当前的社会思潮呈现出纷繁复杂的态势：理性与非理性相交织，进步文明与愚昧落后相交织，积极健康与消极腐朽相交织，高尚文明与低级庸俗相交织，科学进步与偏颇谬误相交织，政治因素与经济、文化因素相交织等。

受此影响，当代大学生普遍感到无所适从，不同程度地出现了思想困惑、理想迷失和信仰动摇等问题。面对西方思潮的侵染，如何帮助大学生在纷繁复杂的思想冲击下认清事物的本质，看清思想的主流，把握未来发展的方向，使他们更健康地成长，已经成为必须引起高度重视而又需要尽快加以解决的紧迫问题。西方思潮，尤其是新自由主义所宣传的“自由、民主、人权”等“普世价值观”对青年大学生的迷惑最大，影响也最深。解决这种思想认识问题的关键就是用马克思主义观点和分析方法来帮助大学生认清新自由主义思潮的本质。中国社会科学院副院长李慎明在中国社会科学院研究生院2011级新生开学典礼上的讲话中指出，马克思、恩格斯在160年多前发表的《共产党宣言》这本共产党人的百科全书，不仅揭示了人类历史发展的必然规律，而且回答了现在许多著名的理论家还在争论不休的许多理论问题。比如，对“普世价值”怎么看?《共产党宣言》早就指出：“毫不奇怪，各个世纪的社会意识，尽管形形色色、千差万别，总是在某些共同的形式中运动的，这些形式，这些意识形态，只有当阶级对立完全消失的时候才会完全消失。”这就明确告诉我们，“普世价值”中所说的“价值”并不是我们通常所说的人甚至连动物都需要吃喝的食物等的“使用价值”，而是特定生产关系所产生的“社会意识”。比如，资本主义搞选举，社会主义也搞选举。然而资本主义的社会意识决定了资本主义社会中的选举是为了让资本当家做主，而社会主义的社会意识决定了社会主义社会中的选举是为了让人民当家做主。承载不同社会形态中不同社会意识形态的普世运动的形式，往往有着共同之处。而这些普世运动的形式只有当阶级对立完全消失的时候才会完全消失。马克思、恩格斯早在160多年前就把我们今天争论不休的这个重要的理论问题，用几句话就说得清清楚楚、明明白白。[①]

从马克思主义观点来看，“自由、民主、人权”等“价值观”并不是普世的。马克思主义认为，民主作为一种国家制度，作为上层建筑，它的本质是由经济基础决定的。在民主政治发展进程中，存在着建立在私有制

---

① 李慎明：《在中国社会科学院研究生院2011级新生开学典礼上的讲话》，《光明日报》2011年9月15日，第6版。

基础上的为少数人服务的民主和建立在公有制基础上的为多数人服务的民主。不管是资本主义民主，还是社会主义民主，都是为了维护统治阶级的权益，因此，民主作为价值观并不是普世的。同样，自由作为价值观也不是普世的，西方标榜是自由世界，但在资本主义社会里劳动人民只能说具有形式上的自由权利，实际上真正通行的是财富的自由，谁占有金钱、财富，谁就拥有权利和自由，愈是有钱就愈有自由。无钱无权无势的广大贫苦百姓总是被关在“自由”的大门之外。同样，人权作为权利的一般表现形式，是社会的产物。从马克思主义的观点看，人权不能局限于个人的政治权利，而应当扩大范围。人权的基础是生命的生存和发展，没有生存权，其他人权均无从谈起。西方国家以人权卫士自居对发展中国家指手画脚，实际上是打着人权旗号寻找干涉其他国家内政的借口。可以说，西方所说的普世价值，本质上是要把以美国为首的西方经济政治制度和文化价值观念推广到世界各地，使资本主义一统天下，这与我们强调文明多样性是相对立的，也不符合我们一再强调的各国有权自主选择适合本国发展道路的原则立场。

在价值多元、观念多变的转型期中国，当代大学生不仅要明辨是非、分清善恶、辨别美丑，而且要能够在各种思潮鱼目混杂的当下认清本质，看清主流，把握方向。而只有真正学懂弄通了马克思主义，才能穿透层层思想迷雾和历史风云，看清问题的本质与事物的发展规律，做到不动摇、不懈怠，真正成为中国特色社会主义的合格建设者和可靠接班人。

（三）帮助大学生认识到中国革命胜利和中国特色社会主义所取得的举世瞩目的伟大成就是与马克思主义的指导和坚定马克思主义的科学信仰分不开的

旧中国是一个任人宰割、民生凋敝、满目疮痍的半殖民地半封建国家，许多志士仁人在黑暗的旧社会进行过不断的探索，只有以马克思主义为指导的中国共产党才最终找到救国救民的正确道路。邓小平指出：“对马克思主义的信仰，是中国革命胜利的一种精神力量。”① 马克思主义作为我们党和国家的根本指导思想，是近代以来中国历史发展的必然结果，是

① 《邓小平文选》第3卷，人民出版社1993年版，第242页。

中国人民长期探索的历史选择。在马克思主义指导下，中国共产党人坚持把马克思主义的基本原理同中国革命、建设和改革的具体实践相结合，形成了毛泽东思想和中国特色社会主义理论体系两大理论成果，生动而具体地坚持和发展了马克思主义，不断赋予马克思主义新的鲜活力量。当前，我国社会主义建设所取得的伟大成就有目共睹。我国已经不再是积弱积贫、任人宰割的旧中国，而是充满生机和活力，为世界所瞩目的繁荣昌盛的社会主义国家，社会主义在中国显示了蓬勃生机和活力。虽然苏东剧变使国际共产主义运动陷入了低谷，但是中国特色的社会主义却取得举世瞩目的巨大成就，其中一个重要原因就在于我国以科学的态度对待马克思主义，强调在社会主义建设实践中坚持和发展马克思主义，把对马克思主义的坚定信仰看成是我们求生存谋发展的强大精神支柱。

最近十年来，我国不仅遇到了百年未遇的地震灾害，也遇到了前所未有的国际金融危机的巨大冲击，面对各种自然灾害和困难，社会主义中国在中国共产党的英明领导下采取了强有力的应对措施，进行了艰苦卓绝的努力和斗争，再一次充分显示了以马克思主义为指导的中国特色社会主义制度的巨大优越性。这些无疑都是对大学生进行马克思主义信仰教育的生动事例。通过宣传教育，必然会使他们真正认识到社会主义制度的巨大优越性，这对于大学生确立马克思主义科学信仰，坚定走中国特色社会主义道路的信念无疑具有重大的现实意义。正如毛泽东所说，“我们说马克思主义是对的，绝不是因为马克思这个人是什么‘先哲’，而是因为他的理论，在我们的实践中，在我们的斗争中，证明了是对的”。

要让当代大学生坚信，只有在马克思主义指导下坚定地走中国特色社会主义道路，才能实现中华民族的伟大复兴。通过大力宣传在马克思主义指导下中国特色社会主义所取得的举世瞩目的伟大成就，使大学生认识到中国革命的成功和现代化建设所取得的成就、民族的独立和人民的解放、国家的繁荣昌盛和全国各族人民的共同富裕都是与坚定马克思主义的科学信仰分不开的，都是建立在对把马克思主义的普遍真理与中国的具体实际相结合之上的。这自然成为对当代大学生进行有效马克思主义的理想信念教育最有说服力的现实依据。

当代大学生只有确立马克思主义的科学信仰，才能深刻认识人类社会的发展规律，深刻认识中国走社会主义道路的历史必然性，把个人理想与社会理想统一起来，为国家和社会的发展做出更大的贡献。

（四）以东欧巨变和苏联解体后出现了各种严重的危机作为反面教材，让大学生认识到我们的国家和人民如果失掉了对马克思主义的信仰就会造成难以估量的巨大损失和灾难

从历史上看，马克思主义信仰的命运是紧密地与共产主义实践运动相联系的，它随着共产主义实践运动的起伏而起伏。当共产主义运动处于迅速发展的形势下时，马克思主义信仰无疑也会处于传播和发展的高潮时期，而当实践运动遇到大的前所未有的困难和挫折时，这一信仰就可能会发生振荡和动摇。从共产主义运动的进程看，自 20 世纪 80 年代以来，特别是东欧剧变、苏联解体之后，国际共产主义运动陷入低潮，社会主义思潮和共产党的执政地位面临着空前的考验。二十多年来，世界社会主义运动除中国外几乎没有什么进展。社会主义国家依然处于资本主义世界的包围之中；加之，社会主义国家大都属于发展中国家，经济比较落后，还时时受到来自发达资本主义国家“和平演变”的威胁。东欧剧变、苏联解体后国际上出现的西强东弱、北强南弱的总体态势，也使得马克思主义“过时论”有很大的市场。许多年轻人对马克思主义信仰不够坚定，对社会主义前途命运的信心不足，甚至产生了社会主义要被资本主义取代的思想。

然而，苏联和东欧国家在放弃对马克思主义的信仰之后，在实现国家转制和经济转型以及外交上向西方“一边倒”的过程中并没有像他们想象得那样好，而是出现了各种严重的危机。在思想政治方面，这些国家的许多青年人胸无大志，成为迷茫的一代；经济上，生产大幅下滑，通货膨胀恶性发展，人民生活水平下降，失业急剧增加，社会两极分化严重，各国都出现了严重的经济危机；外交上，“一边倒”的亲西方外交并没有换来西方的经济援助和政治支持，对于俄罗斯来说，西方大国出于传统的戒备心理和战略利益考虑，并没有将其视为可靠的合作伙伴，反而挤压俄罗斯的国际发展空间。可以说，苏东剧变后的严酷现实打碎了人们的美好幻想，剧变不仅没有实现国家经济发展和人民生活富裕幸福，反而为此付出了沉重代价。东欧剧变、苏联解体后的这些国家所面临的一系列矛盾和问题从反面印证了社会主义的国家和人民如果失掉了对马克思主义的信仰就

会造成难以估量的巨大损失和灾难。这就为人们重新确立马克思主义信仰提供了深刻而生动的反面教材。正如邓小平所说："我坚信，世界上赞成马克思主义的人会多起来的，因为马克思主义是科学。它运用历史唯物主义揭示了人类社会发展的规律。……一些国家出现严重曲折，社会主义好像被削弱了，但人民经受锻炼，从中吸取教训，将促使社会主义向着更加健康的方向发展。因此，不要惊慌失措，不要认为马克思主义就消失了，没用了，失败了。哪有这回事！"① 在世界社会主义运动还处在低潮的形势下，邓小平这段话不仅是对马克思主义理论和社会主义历史命运的深刻阐述，也为我们坚定马克思主义科学信仰提供了巨大的信心和勇气。

（五）以金融危机后西方持续出现的"马克思主义热"为宣传教育契机，让大学生认识到马克思主义仍然具有强大的生命力

一般而言，人们对于任何事物的认识都有一个过程，而对于像马克思主义这样深刻的和带有很强现实色彩的理论来说，尤其如此。最近，由于受到发端于美国的金融危机的沉重打击以及资本主义社会长期存在的深刻精神文化危机使西方人对于马克思主义逐渐有了新的认识甚至认同，掀起一股强劲的马克思主义热。

这场发端于美国纽约华尔街而蔓延至整个资本主义世界乃至全球的金融危机，促使西方不得不深刻反思资本主义尤其是美式自由资本主义在新世纪的弊端。在资本支配一切的资本主义社会，投机、榨取、贪婪主宰着人们的心灵，对金钱和财富的无限追求成为人们的普遍信念。这场金融危机导致一般民众尤其是青年人的人生生存境遇发生了巨大改变，使他们体会到深深的危机感和幻灭感，精神文化上的内在矛盾变得十分尖锐。它使青年一代越来越认识到自由市场是残酷的，新自由主义的幸福诺言不但没有兑现，反而引发了更加深重的经济危机。而早在140多年前作为批判资本主义的鸿篇巨制《资本论》就对资本主义社会经济生活的内在矛盾进行了深刻的揭露，发现了人类社会的发展规律。虽然当今的世界形势已发生了巨大的变化，但它的基本理论仍然适用于今天西方资本主义社会经济生活实际，是人民探究资本主义生产内在矛盾的有力的理论武器。这场源于美

① 《邓小平文选》第3卷，人民出版社1993年版，第382—383页。

国的金融危机使西方国家年轻一代的读者们再次产生了阅读这部鸿篇巨制的热情。路透社专栏作者贝恩德·德布斯曼撰文说，“现在有一种共识正在形成，即资本主义需要在21世纪得到全面修正以拯救自身”，“我们熟悉的资本主义正在死亡”。他在题为《卡尔·马克思和世界金融危机》的专栏文章开头写道：“卡尔·马克思对不受约束的资本主义的批判正在得到确证。”① 可以说，生活在西方资本主义社会的人们在经历了这场金融危机的动荡之后，会终于发现当年马克思的理论是最有道理的。

当然西方国家的“马克思主义热”并不是现在才有。近一个世纪以来，由于资本主义深刻的精神文化危机和资本主义现代社会转型所产生的种种社会矛盾和问题使西方社会一些有识之士逐渐认识到马克思主义对资本主义发展的警示作用。为庆祝《共产党宣言》出版150周年，在欧美马克思主义复兴热的影响下，来自全世界各地的数百名学者于1998年5月云集巴黎参加国际性研讨会。此后，还在世界各地采取多种形式举行纪念活动。在他们看来：“这本小册子用简洁明了的语言论述了建立在唯物史观之上的马克思主义的核心主张，号召全世界的无产者团结起来争取自身的解放，拨动了全世界亿万人的心弦，展示了从深层震撼历史发展的魅力。……这是一次重新认识该书现代意义的机会。”②

对于资本主义的发展趋势，马克思早在150多年前就已经作了明确预测。他说：“资产阶级除非使生产工具，从而使生产关系，从而使全部社会关系不断革命化，否则就不能生存下去。反之，原封不动地保持旧的生产方式，却是过去的一切工业阶级生存的首要条件。生产的不断变革，一切社会关系不停的动荡，永远的不安定和变动，这就是资产阶级时代不同于过去一切时代的地方。一切固定的古老的关系以及与之相适应的素被尊崇的观念和见解都被消除了，一切新形成的关系等不到固定下来就陈旧了。一切固定的东西都烟消云散了，一切神圣的东西都被亵渎了。人们终于不得不用冷静的眼光来看他们的生活地位、他们的相互关系。”③

自马克思主义诞生以来的一个半世纪里，尽管马克思主义遭到资产阶

① 《金融危机确证马克思理论　西方反省自由市场》，搜狐新闻，2008年10月17日。
② 俞可平：《全球化时代的“马克思主义”》，中央编译出版社1998年版，第153—154页。
③ 《马克思恩格斯选集》第1卷，人民出版社1972年版，第254页。

级及其政权的诅咒、诋毁和压制，但从来没有能够阻止它在全世界范围内的传播。无论是马克思主义的拥护者还是反对者，都不得不承认马克思主义改变了世界。美国资产阶级著名的经济学家萨缪尔森就说过，“马克思主义是科学，是我们观察社会历史的解剖刀”，强调“每一个要洞察社会历史底蕴的人都必须向马克思主义学习”①。这说明，西方那些有头脑的资产阶级思想家也会对马克思主义有比较清楚的认识和公允的评价。

虽然当代资本主义在新科技革命的巨大推动下可以通过种种手段调节和改善资本主义生产关系，在一定程度上缓和了资本主义的危机，表现出相当大的容纳现代生产力发展的潜能。但是，资本主义依然存在并充满着种种矛盾和问题，还会周期性地爆发破坏性巨大的经济危机。这说明，马克思主义关于资本主义的论断并没有过时。在这种情况下，轻言马克思主义过时之类的话或放弃对马克思主义的信仰显然是不合逻辑的、荒谬的或者说是浅薄的。21 世纪的马克思主义将有助于促进民主、自由、正义和平等，使人们不断向马克思主义做理性复归。作为社会主义国家的有志青年，理应更加坚定对马克思主义的科学信仰。

（六）加大对当代大学生的共产主义理想信念教育，不断提升他们对共产主义的理解和认知，以牢固的共产主义信念来坚定大学生的马克思主义信仰

共产主义社会是马克思主义创始人根据人类历史发展规律而提出的人类最美好的理想社会，坚持和捍卫马克思主义必然要坚定共产主义的理想信念，为实现共产主义而奋斗。相应地，坚定共产主义信仰是坚持马克思主义的必然要求，有了对共产主义的牢固信念就能够坚定对马克思主义的科学信仰。对于马克思主义者来说，共产主义不仅是一种理论，一种制度，也是一种现实的社会运动。中国共产党自诞生之日起，就把共产主义作为自己的奋斗目标，在 90 多年的伟大实践中，中国共产党始终以马克思主义为指导，从而取得了革命、建设和改革的巨大胜利。可以说，共产主义是中国人民团结奋斗的精神支柱，是几十年来指引中国从一个胜利走向另一个胜利的思想旗帜。然而，在改革开放和社会主义现代化建设的今

① 转引自许志功：《以科学的态度对待马克思主义》，《理论视野》2008 年第 9 期。

天，也有少数人质疑、否定、歪曲和攻击共产主义。比如，有的指责当前坚持共产主义是向“左”转，是要再刮“共产风”，是“向后退”“说空话”；有的称自己被“共产主义”骗了几十年；有的将共产主义曲解为“财产充公”；有的把共产主义简单化为“个人自由而全面发展”等。如前面所讨论的那样，正是某些人对共产主义的质疑、否定、歪曲和攻击，把共产主义说成是遥不可及或虚无缥缈的“空中楼阁”，才使得当代大学生对共产主义信念逐渐淡薄，有的甚至丧失了马克思主义信仰。应该说，当前关于“共产主义”争论的实质就是马克思主义与反马克思主义的争论。极少数人否定和攻击“共产主义”的目的是否定党的领导、否定公有制经济和社会主义核心价值观，其实质是否定和反对我国坚持马克思主义的指导，让人们放弃对马克思主义的信仰。这种争论不是一个脱离实际和现实的口水战，而是一个涉及大是大非的现实问题。那种用我国在前进中所遇到的挫折或某些社会问题来歪曲、否定共产主义的言论值得警惕。在举什么旗、走什么路的问题上，我们一定要保持清醒头脑。

加大对当代大学生的共产主义理想信念教育，一方面要让大学生认识到共产主义作为一种现实的社会运动真实地存在于人们的现实生活和不懈奋斗中，而不是虚幻地存在于人们的头脑和空想中，更不是遥不可及或虚无缥缈的“空中楼阁”。正如习近平总书记所强调的那样：“我们不能因为实现共产主义理想是一个漫长的过程，就认为那是虚无缥缈的海市蜃楼，就不去做一个忠诚的共产党员。革命理想高于天。实现共产主义是我们共产党人的最高理想，而这个最高理想是需要一代又一代人接力奋斗的。如果大家都觉得这是看不见摸不着的东西，没有必要为之奋斗和牺牲，那共产主义就真的永远实现不了了。我们现在坚持和发展中国特色社会主义，就是向着最高理想所进行的实实在在努力。”① 另一方面，要加大对共产主义宣传阐释力度，加深大学生对共产主义的理解和认知。近些年来，由于多种原因，尤其受极少数人所抛出的种种所谓“共产主义虚无缥缈”论的影响，不少人包括少数党员干部和部分青年学生对共产主义缺乏科学的认识，没有深入的理解和认知，因此就谈不上真正地信仰共产主义。只有运

① 习近平：《做焦裕禄式的县委书记》,《学习时报》2015年9月7日。

用唯物史观正确阐释共产主义的本质内涵，坚决回击、批判“共产主义虚无缥缈”论，澄清对共产主义的各种错误理解，才能引导大学生坚定共产主义理想信念，以牢固的共产主义信念来坚定大学生的马克思主义信仰。

在当今国际国内形势下，对大学生进行马克思主义信仰教育的素材十分丰富，现实依据也非常充分。要通过紧密结合大学生成长成才的实际和我国革命以及社会主义建设的新成就，联系苏东国家剧变后的深刻教训以及国际形势发展变化的新实际，使当代大学生深切认识到走中国特色社会主义道路的必然性和自己身上肩负的历史使命，引导他们正确看待世界社会主义运动的挫折和资本主义的现有优势和弊端，以这些富有说服力的事例和现实证据加大对大学生的理想信念教育，使他们清醒地认识到确立马克思主义的科学信仰的重要意义，逐渐帮助当代大学生确立马克思主义的科学信仰，不断打牢提升我国国家软实力的思想基础和人才基础。

## 第三节 大学和谐德育与高校思想政治教育

### 一、高校思想政治教育重在以德育人

立德树人是教育的根本，这是十八大对我们党的教育方针做出的最新概括。它揭示了教育的真正本质，回答了培养什么样的人、怎样培养人的根本问题，对于我国教育改革和发展具有非常重要的指导意义。而坚持立德树人的根本要求就是以德育人，不断提升受教育者的思想道德素质。

大学生作为国家十分宝贵的人才资源，他们的思想道德状况对国家的长远发展至关重要。正如习近平总书记所强调的那样，青年一代有理想、有担当，国家就有前途，民族就有希望，实现中华民族伟大复兴就有源源不断的强大力量。因此，为了教育引导青年学生扣好人生的第一粒扣子，把当代大学生培养成德智体美全面发展的中国特色社会主义事业的合格建设者和可靠接班人，高校必须把立德树人作为高等教育的根本遵循，紧紧抓住大学阶段这个大学生世界观、人生观、价值观形成和确立的关键期，加强社会主义核心价值观教育，增强当代大学生的社会责任感和使命感，

不断提升他们的道德品质和思想境界。

从一般意义上说，对大学生进行思想道德教育应该是所有高校教师义不容辞的责任和义务，可以说，每一位高校教育工作者都承担着立德树人的历史使命。然而，由于高校教育实行的是分科培养人才的模式，每门专业课的教学均以传授专业知识和技能为主，具有很强的工具性，而以德育人的功能则不那么明显。与各门具体专业课教学以“授业”为主进行智力教育不同的是，高校思想政治教育则以“传道”为主，具有专门的以德育人的功能。可以说，作为大学生思想政治教育的主渠道和主阵地，高校思想政治教育肩负着“传播先进理论、启迪思想觉悟、明确思想目标、引领价值取向、提升人生境界”的重要使命。

国无德不兴，人无德不立。在当前信息时代各种思潮相互激荡、东西方意识形态争夺十分激烈的新形势下，面对纷繁多变、鱼龙混杂、泥沙俱下的社会现实和日益多元化的思想实际，为了减少各种负面因素和不良社会风气对大学生良好道德品质养成可能造成的不利影响，必须加大思想政治教育力度，增强高校思想政治教育以德育人的针对性和有效性。

## 二、大学和谐德育的理论基础

大学和谐德育，是指大学德育以满足构建社会主义和谐社会需要和大学生个体发展需要为出发点，在遵循大学生身心发育特点和自我发展规律的基础上，通过有效调控构成大学德育体系诸要素之间的关系，使它们产生和谐共振互促的效应，从而帮助大学生提升思想道德品质的一种大学德育理念和模式。

大学和谐德育，主要包括：高校教师与大学生之间民主融洽互动的“双主体”和谐，学校、家庭、社会三个方面教育力量协调配合的“三教”和谐，大学生知、情、意、行德育过程“四环节”和谐，大学生德、智、体、美、劳等教育内容的“五育”和谐，对大学生所进行的政治教育、思想教育、道德教育、法治教育、心理教育五个方面要素相互渗透协调一致的“五要素”和谐，以及其他方面的和谐。

为了增强实施大学和谐德育的说服力和有效性，需要为大学和谐德育建构坚实的理论基础和完备的理论体系。大学和谐德育的理论基础不仅包括马克思主义科学体系中那些能够体现和谐理念的理论，也包括能为大学和谐德育理论构建提供深刻而牢固的理论支撑的思想政治教育理论。

（一）马克思主义科学体系中的相关理论

马克思主义包括马克思主义基本理论和马克思主义中国化理论成果两个方面的理论。马克思主义基本理论主要指辩证唯物主义、历史唯物主义和科学社会主义，前者为大学和谐德育提供科学世界观和方法论，是大学和谐德育的理论基石，后者是反映大学和谐德育根本性质和方向的科学理论；马克思主义中国化的理论成果包括毛泽东思想和中国特色社会主义理论体系，这两大理论成果不仅极大地丰富了马克思主义的理论宝库，推动了马克思主义的发展，而且为大学和谐德育奠定了更为丰富、更为坚实的理论基础，提供了全新的理论视角。

1. 马克思主义哲学关于事物普遍联系和发展的原理

马克思主义哲学作为科学世界观和方法论，是思想政治教育和大学和谐德育最重要的理论基础，而能够为大学和谐德育提供直接理论依据的是马克思主义哲学关于事物普遍联系和发展的原理。

唯物辩证法认为，一切事物和现象都是普遍联系的和处于永恒运动变化发展过程之中的，绝对孤立静止的事物是没有的。联系是一切事物、现象和过程共有的客观的、普遍的本性，联系概括了事物或现象之间、事物内部诸要素之间一切相互联系、相互依赖、相互渗透、相互作用、相互转化等方面的总特征；而事物、现象的普遍的相互联系、相互作用，同事物、现象的运动、发展、变化是不可分割、互为表里的，即任何事物、现象都是一种动态地发展着的联系。和谐就是相互联系着的事物之间所呈现的一种理想状态和处于理想状态的联系着的事物在发展过程中所具有的运行机制和良性运行状态。

大学和谐德育实施的过程，就是使影响大学生德育的要素协调配合，形成具有活力、能产生整体效应的一种运行机制，从而使大学德育呈现出良性而和谐的发展状态。具体地说，实施大学和谐德育，就是要使高校教师与大学生“双主体”之间融洽互动，高校、家庭、社会三种教育力量协调配合，大学生的知、情、意、行德育“四环节”之间良性对接，大学生的德、智、体、美、劳等自身素质全面协调发展，对大学生所进行的政治教育、思想教育、道德教育、法治教育、心理教育五个方面的教育内容之间相互渗透和协调一致，使这些大学德育要素综合起来，相互协调配合，形成良性互动机制，共同促进大学生全面发展。由此可以看出，辩证唯物主义关于事物普遍联系和发展的原理无论对大学和谐德育的理论研究还是大学和谐德育的具体实践均具有重要的世界观和方法论意义。

2. 马克思主义关于人的本质和人的全面发展的理论

马克思指出，“人的本质不是单个人所固有的抽象物，在其现实性上，它是一切社会关系的总和”①。人的本质不在于人的自然属性，人的社会属性才是人之区别于动物的本质属性；即使是人的自然属性也不是纯粹的本能，而无不打上社会的印记，融入了人的社会性，受到人的社会属性的制约和规定。因此，人是“一切动物中最社会化的动物”。马克思主义同时又认为，人也是需要全面发展的人，人的全面发展是指“每一个人、全体社会成员的智力、体力在社会生产过程中尽可能多方面地、充分地、自由地和统一地发展”②。要根据人的多种需要，“以一种全面的方式，也就是说，作为一个完整的人，占有自己的全面的本质”③。马克思还指出，未来的共产主义社会就是由全面发展的自由人组成的联合体。

马克思主义关于人的本质理论和人的全面发展的理论，不仅是我们确定教育方针、教育目的和思想政治教育任务、目标的重要理论根据，也是大学和谐德育理念提出的重要理论根据。

既然人是社会性的人，大学生又处于个人社会化的重要时期，这就要求能够在提升大学生思想道德素质和社会适应能力方面起重要作用的大学德育必须适应大学生社会化发展的需要，使大学生在所处的各种社会关系中明确自己的社会角色定位，确保大学生在学校、家庭、社会中承担的角色自然和谐，并且促进学校、家庭、社会三方面教育力量的和谐一致，把大学生培养成为能适应现代社会发展需要的、具有很强社会责任感和社会适应能力的现代合格公民。

---

① 《马克思恩格斯选集》第1卷，人民出版社1995年版，第56页。

② 《马克思恩格斯选集》第4卷，人民出版社1995年版，第370页。

③ 《马克思恩格斯全集》第42卷，人民出版社1979年版，第123页。

促进人的全面发展，把大学生培养成德、智、体、美、劳等全面发展的社会主义事业合格建设者和可靠接班人，不仅是我国大学教育的根本目的和高校思想政治教育的根本目的，也是大学德育的根本目的和提出大学和谐德育新理念的基本依据。自从党的十六大报告把个体素质划分为科学文化素质、思想道德素质和健康素质以后，人的科学文化素质、思想道德素质、健康素质也日益成为开展德育工作的重要领域。因此，大学德育就不仅仅是对大学生进行思想政治教育方面的工作，而是包含着促进大学生个人全面发展和促进社会全面发展的内涵十分丰富的教育活动。要促进大学生的全面发展，就必须满足大学生各个方面的发展需要，实施全面教育，形成教育合力；同时，要把作为提升大学生思想道德素质的大学德育的目标、内容与方式，都要以促进学生全面发展为目标，相互配合，协同开展，共同促进大学生德、智、体、美、劳等方面全面协调发展。

大学和谐德育坚持以人为本，注重人文关怀，不仅充分体现了马克思主义关于人的本质理论和人的全面发展的理论要求，也是科学发展观的核心和本质要求。一方面，大学和谐德育就是要承认每个大学生都是生动活泼的人，发展的人，有自主创造潜能的人，充分尊重大学生的人格和人性，更多地关注大学生的需要，把人文关怀融入大学生的全面发展中去。另一方面，大学和谐德育重视大学生的个性和主体性，调动大学生增强自我教育和德育内化的能力，把他们培养成为真正享有和运用权利的主体和有社会责任感以及有自我教育能力的主体。这种以人为本的大学和谐德育观符合现代社会受教育者的心理特点，能够满足大学生多样化的精神层面的需求，更容易为大学生所接受，真正体现大学德育的内涵和本质要求。

大学和谐德育坚持以人为本，从大学生自身的需要和要求出发，增进个体发展，摈弃传统德育那种对人的漠视和仅仅把人作为手段的工具理性取向而转向“以人为本”，把对大学生进行思想政治教育活动视为引导主体进行价值追求、价值创造、价值选择和价值实现的过程，以满足和发展人的需要，促进人的全面发展。通过建设和发展大学生自身和谐的主体关系，形成个体主体、群体主体和社会主体的相互协调，这样就可以促进整个社会的和谐和人类的进步，最终实现所有社会成员的自由全面发展。

3. 毛泽东思想关于正确处理人民内部矛盾的理论

关于正确处理人民内部矛盾的理论，是毛泽东在中国社会主义改造基本完成以后，人民内部矛盾已取代阶级矛盾而成为我国社会生活的主题的情况下提出来的，是对马克思主义的重大发展。毛泽东指出，在社会主义时期，一切赞成、拥护和参加社会主义建设事业的阶级、阶层和社会集团，都属于人民的范围，人民内部矛盾一般说来是非对抗性矛盾。“凡属于思想性质的问题，凡属于人民内部的争论问题，只能用民主的方法去解决，只能用讨论的方法、批评的方法、说服教育的方法去解决。”① 这种民主方法，被毛泽东概括为“团结——批评——团结”的公式，意即从团结的愿望出发，经过批评或思想斗争，分清是非，使矛盾得到解决，从而在新的基础上达到新的团结。这种以“惩前毖后，治病救人”为宗旨的正确方法，是与“残酷斗争，无情打击”相对立的。毛泽东还强调指出，我们所要达到的目的，就是要造成一个“又有集中又有民主，又有纪律又有自由，又有统一意志，又有个人心情舒畅、生动活泼，那样一种政治局面”。

毛泽东思想关于正确处理人民内部矛盾的理论，是我们确定大学和谐德育和思想政治教育方针、原则、方法的直接理论依据。大学德育和思想政治教育的任何方针、原则和方法，只有符合正确处理人民内部矛盾要求的才是正确和有效的。反之，则是错误和有害的。对于具有较高知识修养和思想上有较强自由性、独立性、选择性、差异性的当代大学生来说，用强制、压服或灌输式的教育方法来达到教育的目的是无法奏效的，而以平等的身份、民主的方式、说理的方法，并辅之以情感教育法、实践教育法、心理咨询与疏导方法、矛盾冲突与缓解方法、社会控制方法等，同时讲求教育的艺术和技巧，也就是用处理人民内部矛盾的科学方法来加强对大学生进行思想政治教育，才能使教育的内容为大学生认同和接受，使教育者和受教育者实现心理上的融洽交流与协调配合，从而达到教育的目的，真正体现出大学和谐德育的精神实质。

4. 构建社会主义和谐社会的理论

中国特色社会主义理论体系作为马克思主义中国化第二次飞跃的理论成果，内容非常广泛，为现代思想政治教育和大学和谐德育奠定了最为现

---

① 《毛泽东著作选读》(下)，人民出版社 1986 年版，第 762 页。

实而又丰富的理论基础。而能为大学和谐德育提供直接理论依据的是中国特色社会主义理论体系中的社会主义和谐社会理论。《中共中央关于构建社会主义和谐社会若干重大问题的决议》指出，“我们所建设的和谐社会，是民主法治、公平正义、诚信友爱、充满活力、安定有序、人与自然和谐相处的社会主义和谐社会”①。

构建社会主义和谐社会，不仅是党在全面建设小康社会的新时期所提出的战略目标，也对我们结合中国现实国情来审视大学德育在现时代发展的新境遇具有重要的启发意义。也就是说，社会主义和谐社会理论的提出，为我们思考大学德育的社会功能提供了一个“和谐论”的视角。在社会主义建设处于黄金发展期和矛盾凸现期的新形势下，我们必须使思想政治教育充分发挥在理顺各种思想矛盾的基础上协调人们的利益冲突，化解各种社会矛盾，促进和谐社会发展的功能。从基本特征和本质要求上看，和谐社会与作为社会主体的人的思想道德素质是紧密联系、相互对应的。和谐德育不仅是适应构建社会主义和谐社会的根本要求而提出的，同时更是构建和谐社会、建设和谐文化的基础工程；而在作为国家重要人才资源的大学生中实施和谐德育，提升他们的思想道德素质，对社会主义和谐社会的构建具有十分重要的现实意义。要适应并推进和谐社会的建设，必须既要把建设社会主义和谐社会作为大学和谐德育理论研究的目标和依据，又把它作为促进大学德育发展的实践基础。同时，为适应构建和谐社会的需要，大学和谐德育需要不断探索和运用有利于和谐社会构建的方法，运用隐性教育法、咨询教育法和自我教育法等多种方式来认识和解决与大学生有关的各种矛盾和问题，使大学生接受和形成社会所要求的道德水平和行为方式，使之更好地适应社会、与他人相处，并在不断内化和外化过程中完善自我、提升自我，使大学生与学校、与社会、与他人、与自身的关系呈现良性互动、和谐融洽的理想状态，推动和谐社会建设。

为大学和谐德育提供理论依据的马克思主义的内容十分广泛，以上专门列出并加以分析的这些理论是大学和谐德育的直接理论依据或具有现实

---

① 《中共中央关于构建社会主义和谐社会若干重大问题的决议》，人民出版社 2006 年第 1 版，第 5 页。

指导意义的理论基础。当然，马克思主义关于社会发展理论、我们党关于社会主义精神文明建设理论、以德治国的思想、政治文明建设理论、科学发展观的一系列重大战略思想等均对大学和谐德育的基础理论的构建具有重要的指导意义。还要指出的是，党的十七大报告提出了社会主义核心价值体系的基本内容，明确要求："切实把社会主义核心价值体系融入国民教育和精神文明建设全过程，转化为人民的自觉追求。"[①] 社会主义核心价值体系是社会主义意识形态的本质体现，践行社会主义核心价值体系对于打牢大学生的思想道德基础、引领大学生思想道德进步、培养大学生的和谐精神具有重要意义。因此，作为马克思主义组成部分的社会主义核心价值体系所包含的民族精神、时代精神和社会主义荣辱观也是大学和谐德育理念提出的重要依据，是构建大学和谐德育的理论基础。

（二）思想政治教育的相关理论

由于我们党历来十分重视并卓有成效地开展对大学生的思想政治教育工作，在思想政治教育方面已经形成了非常成熟的理论。思想政治教育基本原理非常丰富，涉及思想政治教育的功能、主体、本质、目的、过程、原则、方法、环境载体、管理、评价等各个方面。思想政治教育的相关原理与大学和谐德育理念是一致的，借鉴思想政治教育的相关理论，就可以为大学和谐德育理论构建提供深刻而牢固的理论支撑。

根据思想政治教育的功能理论，思想政治教育的主要功能有保证、导向、凝聚、激励、调节、转化、开发等方面，其中的调节功能，是指通过民主的、说服教育的、相互沟通的方式，进行人的情绪调控、人的心理调适和人际关系调整，从而达到提高人的思想觉悟、建立新型的人际关系的目的，保持和促进社会的稳定与发展。调节包括心理调适、情绪调控、人际关系调整和利益调节等几个方面。这种思想政治教育的调节功能与大学德育的和谐理念是完全一致的。根据思想政治教育过程理论，思想政治教育过程就是把一定的社会思想观念、价值观念、道德规范转化为受教育者个体的思想政治素质的内化外化过程，是教育者从知、情、意、信、行多端开始和受教育者在知、情、意、行等道德品质方面渐进发展的过程。思

① 《中国共产党第十七次全国代表大会文件汇编》，人民出版社 2007 年版，第 11 页。

想政治教育过程的基本规律表现为教育要求与受教育者思想政治素质发展之间保持适度张力的规律、教育与自我教育相统一的规律、协调与控制各种影响因素使之同向发挥作用的规律。思想政治教育过程原理所体现出的现代教育思想与大学和谐德育理念是完全吻合的。根据思想政治教育主体理论，教育者与受教育者之间的关系是双方均作为教育、教学的主体之间的平等互动关系。在与教育者的互动中，受教育者主体与教育者主体一样，在人格上是独立的、平等的，两个具有独立人格的主体之间只能是平等的对话、理解关系，而非强制、压服关系。思想政治教育活动的主体性是通过教育者和受教育者双方都表现出能动性、自主性和创造性体现出来。现代思想政治教育主体论的原理体现了大学和谐德育“双主体”和谐师生关系的要求。大学和谐德育的理念，在很大程度上是着眼于大学德育所涉及的教育者与大学生之间的关系而提出的，目的是要通过建立大学和谐的师生关系来增进大学德育的时效性，提升大学生的思想道德素质。根据思想政治教育环境理论，现代社会条件下的思想政治教育环境包括家庭、学校和社会三个现实的层次，具有系统性、多维性、复杂性和开放性，需要协调参与思想政治教育诸要素的联系，有效地利用、优化和开发思想政治教育环境资源，充分利用环境中的积极因素并将环境中的消极因素转化为积极因素，充分发挥各种思想政治教育资源的作用，实现系统中各种因素的最佳组合。只有这样，才能提高思想政治教育的效果，整体提升学生的思想道德素质。思想政治教育需要优化教育环境的理念与大学和谐德育所体现出来的整体优化的大德育观相一致。

## 三、大学和谐德育为高校思想政治教育提供新视角

大学和谐德育是近年来比较流行和受到推崇的全新德育理念。纵观大学和谐德育的理论和实践，大学和谐德育具有以下几个鲜明的特点：第一，大学和谐德育的“双主体”和谐理念所倡导的是一种师生双向互动的教育模式，体现了大学和谐德育以人为本的教育本质观和对受教育者主体性的高度尊重的教育伦理观，能够发展民主性、平等性的师生关系，缩小师生之间的心灵距离，使大学生能够乐于接受向其传播的教育理论，进而

帮助他们形成良好的道德行为习惯。第二，大学和谐德育过程是内化与外化的统一和知、情、意、行“四环节”和谐统一的过程，能够在潜移默化中提升大学生的思想道德素质，从而确保大学德育效果的深刻性和持久性。第三，大学和谐德育强调大学德育过程的复杂性和社会性，要求在实施大学和谐德育过程中，必须重视德育环境与德育其他要素之间的有机结合，重视德育环境内部诸因素之间的有机统一，形成学校、社会和家庭之间德育功能的互补，使各种德育资源形成合力，共同促进大学生思想道德素质的提升。

从本质上讲，大学和谐德育和高校思想政治教育具有内在一致性，它们不仅具有共同的教育对象和共同的理论基础，而且有共同的教育目的，其着眼点都是为了提高大学生的思想道德素质。在当前我国高校思想政治教育日益突出立德树人、以德育人的情况下，为了提高高校思想政治教育以德育人的有效性和针对性，需要探索高校思想政治教育以德育人的新途径。鉴于大学和谐德育全新的教育理念及其与高校思想政治教育在本质上的一致性，大学和谐德育可以为高校思想政治教育以德育人提供新的视角。

## 四、按照大学和谐德育要求探索高校思想政治教育的有效途径

### （一）按照大学和谐德育“双主体”和谐师生关系的要求进行思想政治教育，在师生间和谐的双向互动中达到对大学生进行有效思想政治教育的目的

大学和谐德育的理念，在很大程度上是着眼于大学德育所涉及的教育者与大学生之间的关系而提出的，目的是要通过建立大学和谐的师生关系来增进大学德育的有效性，提升大学生的思想政治素质。

思想政治教育与大学德育一样是思想政治教育工作者和大学生之间“双主体”平等互动的过程。在这一过程中，思想政治教育工作者和大学生之间要建立和谐融洽的师生关系，这不仅是对大学生进行思想政治教育的前提，也是进行有效思想政治教育活动、完成思想政治教育任务的重要条件。在这种关系中，虽然对于思想政治教育工作者来说是一种职业要求

的工作关系，处于主导地位和具有非对等性，但这并不意味着他们和大学生之间不需要正常的情感交流与表达，也不意味着可以不讲民主、平等，对学生可以居高临下、颐指气使。大学生作为思想政治教育的对象，在人格上也是独立的、平等的主体，师生之间不是支配与被支配、控制与被控制的关系。这就要求两个具有独立人格的主体之间只能平等对话、相互理解，而不能强制或压服。如果思想政治教育工作者与大学生能够平等相处、诚恳相待，尊重他们的人格，在开放和宽松的情境中与他们进行思想、政治、道德信息的双向交流和情感互动，那么双方将建立起和谐融洽的关系，教师将会在一种轻松、愉快、信任、温暖的人际氛围中更自如地开展思想政治教育工作，其所传导的观念、规范更易为大学生所信赖、所接受，更易使大学生在认识上产生认同，情感上引发共鸣，思想上实现升华，其个性潜能也将得到展示和提升。在师生和谐共处的双向互动中，思想政治教育工作者自身所具有的高尚道德情操、优良的个性品质和以身作则的敬业精神，也能潜移默化地影响和感染大学生，使他们产生“向师性”，达到“亲其师、信其道、践其行”的教育目的。

（二）按照大学和谐德育知、情、意、行“四环节”和谐的要求进行思想政治教育，把对大学生所要进行的教育内容和要求内化为他们的自我认知，外化为他们的自觉行动，促进大学生思想道德素质的提升，实现其自我身心和谐发展

思想政治教育与大学德育一样，其实质就是把现代社会所要求的思想观念、价值标准、道德规范转化为大学生个体的思想政治素质的内化和外化过程。内化就是教育者帮助和引导受教育者将一定社会的思想品德要求转化为自己的思想品德认识的过程；外化就是教育者帮助和引导受教育者将自己已经形成的思想品德认识转化为自己的思想品德行为，并养成良好的思想品德行为习惯的过程。受教育者思想品德的内化和外化过程是一个极其复杂的内在思想矛盾运动过程。在这一过程中，高校思想政治教育工作者要更加关注大学生作为思想政治教育主体的内心世界感受和变化，也就是要密切关注在知、情、意、信、行四个环节能否协调一致。高校思想政治教育工作者不仅要对大学生授之以知，晓之以理，而且要动之以情，导之以行。知是情、意的基础和行的先导，情是知、意的催化剂和行的动

力，意是知、情的保证和行的保持，行是知、情、意的外在表现、巩固和强化的基础。如果在思想政治教育过程中只有知识传授而无情感陶冶、意志磨炼和正确的行为引导，那就不是完整的思想政治教育。任何对知、情、意、行四环节的偏废或不协调，都会直接影响高校思想政治教育的深刻性、持久性和有效性。

既然高校思想政治教育过程是内化与外化和知、情、意、行“四环节”和谐统一的过程，那么，要增强思想政治教育以德育人的有效性，高校思想政治教育工作者在教育实践中就必须遵循内化外化规律，促进知、情、意、行“四环节”的和谐统一。当前，高校思想政治教育的一个重要任务是对大学生进行社会主义核心价值观教育，而培育和践行社会主义核心价值观，贵在坚持知行合一、坚持行胜于言，要在勤学、修德、明辨、笃实上下工夫。因此，要卓有成效地对大学生进行社会主义核心价值观教育，也要遵循德育内化外化规律，把知、情、意、行“四环节”和谐统一起来。一方面，高校思想政治教育工作者要积极推进社会主义核心价值观的内化过程，将积极的情感和正确的价值观自然融入思想政治教育全过程，帮助大学生形成正确的人生价值观，不断增强信仰力量和道德力量，从而为社会主义核心价值观的外化过程奠定坚实的思想认识基础。另一方面，高校思想政治教育工作者要善于组织和引导大学生践行社会主义核心价值观的外化过程，在落细、落小、落实上下工夫，让社会主义核心价值观日常化、具体化、形象化、生活化，使每个大学生都能真正感知它、领悟它、践行它，在知、情、意、行的和谐统一中使社会主义核心价值观内化为他们的精神追求，外化为他们的自觉行动。

在当今的大学校园里，某些大学生的思想状况和行为方式令人担忧，有的愤世嫉俗、牢骚满腹，有的态度冷漠、缺乏宽容与爱心，有的智商很高而情商却很低；在行为举止方面往往表现为自以为是、不负责任、不计后果、率性而为，结果导致悲剧发生。解决大学生身上存在的这些问题，需要加大对大学生进行思想政治教育力度，更加注重知、情、意、行“四环节”的和谐统一，尤其是要通过更多的能触及灵魂的心理教育与底线教育，帮助他们认识到自己思想行为中的偏激和错误，教会他们如何释放来自各方面的压力，正确处理好情感问题和人际关系，不断促使他们的思想行为向好的方向转变而不至于在错误的道路上越走越远。可以说，高校思想政治教育只有把知、情、意、行“四环节”和谐统一起来，把品德修养和道德实践结合起来，既修好公德，又修好私德，才能不断提升大学生对高尚思想道德品质的认知力、感受力、持久力和践行力，实现自我身心和谐发展。

（三）按照大学和谐德育关于学校、家庭、社会三方面教育力量协调配合的“三教”和谐要求进行思想政治教育，使各种教育力量协调配合，共同促进大学生健康成长

对大学生进行思想政治教育与和谐德育一样也是一项社会系统工程，需要充分调动社会各方面的积极性，发挥各自的优势，使之相互协调、相互配合、相互补充，形成合力，做到目标一致、理念趋同、过程同步、方法互补、资源共享，共同促进大学生思想道德素质的提升。

由于高校思想政治教育的任务主要是通过解决大学生思想政治素质发展现状和社会要求之间的矛盾，促使大学生观念、态度的改变，行为习惯的养成，有时甚至涉及对个体利益的调整。因此，在对大学生进行思想政治教育过程中，除了高校思想政治课教师及其他教育者之外，学校、家庭、各种社会组织以及包括报刊、书籍、广播、电视、网络在内的大众传播媒介等都能够对大学生的思想行为产生不同程度的影响，这就需要充分调动各方面的积极性，发挥各自的优势，形成家庭教育、课堂教学、校园文化和社会实践等多位一体的育人平台。一是要把家庭教育与学校思想政治教育有机结合起来。作为孩子第一任老师，家长要做好表率，要与孩子共同营造亲切和睦、温暖、充满爱心、奋发向上的家庭环境；学校要与家长保持有效沟通，与家长共同分析和解决大学生成长过程中遇到的思想矛盾和问题；学校思想政治教育要帮助学生树立感恩之德，教育大学生对父母的养育要怀有感恩之心，对师长的教诲要怀有感恩之意，对他人的帮助要存有感恩之情，将知恩、感恩、报恩内化为个人品德修养，做到常怀感恩之心，常为报恩之事。二是要把思想政治教育与营造健康和谐的校园文化氛围结合起来。要深入开展各种有利于大学生身心健康的主题教育和专题教育活动，将其作为思想道德教育的重要抓手；要加强校报校刊、广播电视、校史馆、图书馆、博物馆建设和管理，形成良好的校园文化环境；

要采取适合大学生心理需求和时代特点的宣传手段和方式，充分发挥校园网的引导作用，打造健康向上的和谐校园精神文化。如广西某大学曾打出“不装酷不卖萌不拼爹，求高雅求内涵求博学”和“高于境界，富于实践，帅于处世；白在品性，富在修为，美在心灵”等迎新横幅，正解“高富帅”“白富美”。这种把大学生耳熟能详的网络语言变通之后作为宣传标语，其正面引导的效果十分明显，有助于大学生形成正确的价值追求，进而营造风清气正的校园文化。三是要把思想政治教育与引导大学生积极参加社会实践活动结合起来。高校思想政治教育工作者要组织引导大学生参加各种形式的社会实践活动，如社会调查活动、志愿服务活动、创新创业活动、假期生产劳动，以及各种公益宣传活动等，使大学生在服务他人、奉献社会的实践活动中更多更好地了解社会，认清自己身上肩负的责任和义务，锻炼自己的意志品质，升华对社会主义核心价值观的体验感受和认知理解，进而不断提升大学生的思想道德素质。

## 第四节 搞好思想政治理论课教学，提升大学生思想政治素质

在新形势下，进一步加强和改进大学生思想政治教育，意义十分重大。然而，当前高校思想政治理论课教育教学的现状却不容乐观。思想政治理论课教师要尽力上好每一堂思想政治理论课，为提升大学生思想政治素质，培育国家软实力做出自己应有的贡献。

### 一、加强和改进大学生思想政治教育的重要性

大学生是十分宝贵的人才资源，是民族的希望，是祖国的未来。要把当代大学生培养成中国特色社会主义事业的合格建设者和可靠接班人，就必须对大学生进行思想政治教育。当前我国面临的新形势对高等学校思想政治理论课教育教学提出了新的任务和要求。虽然经济全球化和政治多极化趋势不可逆转，但由于受国际金融危机的影响，国际形势更加错综复

杂，综合国力竞争更加激烈，各种思想文化相互激荡，西方敌对势力加紧对我国实施新一轮的西化、分化。同时，当前我国经济社会发展处于转型时期，改革处于攻坚阶段，对外开放进一步扩大，社会主义市场经济深入发展，人们思想活动的独立性、选择性、多元化和差异性进一步增强。在这种形势下，进一步加强和改进大学生思想政治教育，提高思想政治教育的针对性、实效性和吸引力、感染力，努力提高大学生的思想政治素质，对于确保我国在激烈的国际竞争中始终立于不败之地，确保中国特色社会主义事业兴旺发达、后继有人，具有重大而深远的战略意义。

## 二、高校思想政治理论课教育教学的现状

虽然经过高校广大教师尤其是高校思想政治理论课教师的不懈努力，高校思想政治教育呈现出良好的局面，当代大学生的整体思想政治状况始终保持一种积极、健康、向上的主流发展态势。但客观地说，当前高校思想政治理论课教育教学还存在着许多不尽如人意的地方，思想政治理论课教育教学的效果并不理想，大学生的思想政治素质的现状与思想政治教育所要达到的目标的距离还很大。相关机构曾经做过一项调查，从小学生到大学生对主流思想政治意识和思想政治价值的认同并没有随着年龄和知识而增长，有时甚至呈现出负增长。许多调查也表明，思想政治理论课是大学生中比较受冷落的课程之一。在一些大学中，思想政治理论课的老师甚至只好用点名的办法来保证有足够数量的学生听课，而到课堂上课的学生中，仍有不少学生并不怎么专心听讲，或戴耳机听音乐，或聊天玩手机，在课堂上昏昏欲睡的学生也大有人在。更令人担忧的是，一些大学生不同程度地存在政治信仰迷茫、理想信念模糊、价值取向扭曲、诚信意识淡薄、社会责任感缺乏、艰苦奋斗精神淡化、团结协作观念较差、心理素质欠佳等问题。

导致思想政治理论课受大学生冷落的原因，除了大的社会环境给大学生带来的不良影响外，还在于思想政治教育的教学内容以及教育者自身的素质和教学方式出现了问题，也就是思想政治理论课本身存在的问题。从思想政治教育的教学内容来看，一是所传授的知识空洞，与现实脱节，既经不起现实的检验，也缺乏令人信服的事实依据，不能帮助大学生解决现

实生活中的思想认识问题和实际政策问题，因此被视为“虚假知识”；二是所传授的知识重复和雷同，缺乏新意，有些内容从中学到大学，知识要点大量重复，老师总讲那些不切实际的“正确的空话、大话、套话”，容易使学生产生“认知疲劳”。从思想政治教育者自身的素质来看，有些教师自身思想政治素质不高，缺乏坚定的政治信仰、足够的政治诚信和广博学识，在这种情况下要想达到良好的教育效果几乎是不可能的。比如，一些高校教师缺乏基本的政治认同和情感认同，在课堂上不仅把中国当成负面典型的案例库，对国家和社会的“描黑”，“呲必中国”，而且把自己生活中的不如意变成课堂上的牢骚，把大学讲台当作情绪宣泄的舞台，使学生成了老师不良情绪的被动接受者。从教学方式上看，目前照本宣科、千人一面的思政课课堂在不少学校的思想政治理论课教师的教学中普遍存在。一项调查结果显示，学生认为影响思想政治理论课教学效果的主要原因依次包括：太枯燥(66.4%)、内容不吸引学生(57.23%)、教师只管教书不做思想工作(30.26%)、学了没有用(15.19%)；而对学校思想政治教育中存在的主要问题依次是：形式枯燥、不吸引人(74.61%)、社会环境不好、教育过于理想化(44.47%)、内容陈旧、脱离现实(39.49%)、教育工作者本身素质不高(20.29%)。[①] 有专家指出，自2005年新课程设置方案实施以来，思想政治理论课教学状况明显改善，但马克思主义意识形态仍在一定程度上处在“漂浮”状态，就是说这种高校思想政治教育难以深入大学生心里，甚至会引起他们的逆反心理。这说明，目前在一些高校中，思想政治理论课教师的整体素质和教学能力同新形势下对高等学校思想政治理论课教育教学的新要求之间还有较大差距，从而影响了整体教学效果的提升；同时也说明，高校思想政治理论课受不受学生欢迎，关键还在于思想政治理论课教师自身。

## 三、搞好思想政治理论课教学，着力提升大学生思想政治素质

高等学校思想政治理论课是对大学生进行思想政治教育的主渠道，思

---

① 俞可平：《中国政治学的进程——一个评论性的观察》，《学术月刊》2007年第11期。

想政治理论课教师是大学生思想政治教育工作队伍的重要主体。面对新形势对高等学校思想政治理论课教育教学提出的新任务和新要求，思想政治理论课教师要增强教书育人的责任感，坚定信仰，提高思想政治觉悟，要在教学方式上不断创新，坚持以人为本，转变传统教学理念，要加强学习，注重师德修养，不断提升自己的学识魅力和人格魅力，在平凡的岗位上努力工作，尽力上好每一堂思想政治理论课，着力提升大学生思想政治素质。

（一）思想政治理论课教师要坚定信仰，提高思想政治觉悟

我国是社会主义性质的国家，以马克思主义和中国特色社会主义理论体系为指导，作为向大学生传播马克思主义理论和中国特色社会主义理论的高校思想政治理论课教师就必须有较高的思想政治觉悟，也就是要坚定对马克思主义的科学信仰，牢固树立中国特色社会主义的理想信念，对改革开放和现代化建设充满信心，对党的教育事业无限忠诚。海军大连舰艇学院政治系教授方永刚曾说，“我们做马克思主义理论教员的，自己都不坚信真理的话，怎么让别人相信呢？自己都不感动的话，又怎么去感动别人？”① 方永刚矢志不渝追求真理，对党的创新理论真学、真信、真心传播、真诚实践。方永刚学习理论和传播理论不是“摆样子”“装门面”，而是发自内心的全身心投入。而像徐才厚那样，管灵魂的出卖灵魂，管反腐的带头腐败，管干部的带头卖官鬻爵，讲艰苦奋斗的带头贪图享乐，即使信仰信念讲得再多，理想宗旨说得再好，也都是空言空谈，只能让人产生怀疑，产生相反的结果。激情从热爱中来，从使命责任的感悟中来。有了坚定的信仰，思想政治课教师就能把大学生思想政治教育当成自己最神圣的职责，看作是太阳底下最神圣的事业，并通过自己的教育教学使大学生不断增强对马克思主义的科学信仰，坚定建设中国特色社会主义理想信念，从而达到对大学生进行正确的理想信念教育的目的。

（二）思想政治理论课教师要在教学方式上不断创新，实现教学思想与教学艺术的完美结合

思想政治教育的内容是枯燥的，要想把枯燥的思想政治理论课变得吸

---

① 《与真理同行——海军大连舰艇学院教授方永刚的故事》，《光明日报》2007 年 4 月 3 日。

引人，灵活多样而又富有创新的教学方式对于收到预期的教育效果至关重要。照本宣科的教学方法既让老师讲得费劲，学生听着也没劲，甚至会对思想政治理论课感到反感。要想思想政治理论课把理论讲透，就需要用翔实的史料、鲜活的案例、新颖的方法，这样才能把枯燥的理论课变成学生喜欢的课程。大连海事大学马克思主义学院的大学思想政治课教师贾凤姿教授的课之所以深受大学生喜爱，就在于她把复杂的理论讲得深入浅出，把枯燥的内容演绎得绘声绘色。为了把课讲生动，让学生喜欢，从课堂设计到案例选择甚至板书，她都精心设计。在贾凤姿的课堂上，启发式、参与式、研究式、案例式等教学方法被综合运用，大大增强了思想政治理论课的吸引力和感染力。其实，思想政治理论是以丰富的社会生活实践为基础并反映社会生活实践，还要紧跟时代和实践的发展而与时俱进，所以思想政治理论应该是鲜活的。这就要求思想政治理论课教师不能照本宣科，不能老讲那些不切实际的“正确的空话、大话、套话”，还要把理论还原到现实社会生活中去，用大学生喜闻乐见的方式，激发起大学生对思想政治理论课的浓厚兴趣。

（三）思想政治理论课教师要加强学习，不断提升自己的学养厚度

对于任何一名称职的教师而言，要给学生一杯水，教师自己必须首先要有一桶水；对于高校思想政治理论课教师来说，这样的要求尤为重要。这是因为思想政治教育不仅仅需要思想政治领域的专业知识，它还需要各方面的知识来支撑，涉及更多的学科，甚至还要求教师有丰富的人生阅历和实践经验。只有深入方能浅出，厚积才能薄发。比如“毛泽东思想和中国特色社会主义理论体系概论课”第八章第一节是关于如何建设中国特色社会主义经济的内容，所涉及的知识非常广泛，从社会主义市场经济体制、社会主义初级阶段基本经济制度和收入分配制度，到转变经济发展方式、建设社会主义新农村、统筹区域发展等当前中国经济发展中每一个重大现实问题，对于这些复杂问题，作为思想政治理论课的教学，虽然不要求也不可能要求进行深入细致的分析，但是作为思想政治理论课教师，在讲授这一节时，必须对这些问题有比较系统地把握，否则你就无法向学生讲清楚为什么要实行这样的经济制度和体制，为什么要采取这样的经济发展方针，这些经济发展方针是在什么样的历史背景和实践基础上提出来

的，以及它们的主要内容和重要意义是什么。只有弄懂了这些问题，大学生才能对发展中国特色社会主义经济有一个整体把握，才能进一步坚定中国特色社会主义的理想信念。据报道，为了讲好思想政治理论课，贾凤姿教授着实费了一番工夫。比如她准备给学生讲时间和空间的相对性原理时，想用爱因斯坦狭义相对论的两个公式来讲解，为了了解这两个公式就跑去听大学物理课，一听就是20节，而这方面的内容在她的课堂上却只有5分钟的时间。多年来，贾凤姿听过的课不但有大学物理，还包括中文、历史、经济学、哲学等多个方面。网络上一度火爆的复旦大学思想政治课老师陈果的课之所以深受大学生喜爱，原因之一就是她在课前做了充分的知识积累。为了把课上好，她事先都会看大量的哲学书，到复旦其他老师的课堂上当“旁听生”，从先贤、智者那里汲取养分，加以消化和理解，再转达给学生们。她认为现在的大学生眼界开阔，知识面广，而且聪明，实在不好糊弄。必须认真对待他们，认真对待自己的每一次课。为了拓宽知识面，丰富讲课内容，思想政治理论课教师必须经常看报、上网、看电视新闻，关注社会发展的新思想、新动态，关注社会热点问题，及时了解国际国内时事变化和理论动态，紧跟时代和大学生思想步伐，把理论与实际联系起来。只有这样才能使思想政治理论课常讲常新，达到思想政治教育的目的。

（四）思想政治理论课教师要有敬业精神和奉献意识，加强师德修养，用爱感染学生

教师是人类灵魂的工程师，高校最基本和最重要的任务就是育人。爱是教育的灵魂，为师之道，就是必须热爱自己的学生。教思想政治课的贾凤姿老师常说：“要先做母亲，后做老师，要用母亲博大的胸怀去温暖每一个学生的心。”每学期新生上课第一天，贾老师都会把手机和家中电话号码写在黑板上，只要需要，学生们24小时都可以找到贾老师。贾凤姿身体不好，但她从没因为身体原因影响工作，总是克服各种困难，坚持上好每一节课。即便是在手术住院期间，她仍然想着上课：“只要我能回到课堂，回到学生中间，我就活了。”① 年逾八旬、从教近六十年的上海特级教

---

① 刘立凯：《用爱与责任讲活了思政课——记大连海事大学马克思主义学院教授贾凤姿》，《中国教育报》2010年4月8日。

师于漪说："我一直追求教课不能教在课堂上，教在课堂上就随着声波的消逝销声匿迹了，一定要教到学生身上，教到学生心里。"① 像于漪、贾凤姿这样有崇高师德修养的老师，带着他们无私的爱去教育学生，才能使思想政治教育达到春风化雨般的效果。

（五）思想政治理论课教师要坚持以人为本，转变传统教学理念

科学发展观的核心和本质要求是以人为本，体现在思想政治教育教学实践中就是坚持以学生为本，注重人文关怀，把每个大学生都当成生动活泼的人，发展的人，有自主创造潜能的人，充分尊重大学生的人格和人性，更多地关注大学生的需要，把人文关怀融入大学生的全面发展中去，使思想政治教育教学能够符合现代社会受教育者的心理特点，满足大学生多样化的精神层面的需求。大学生对思想政治理论课有两个期待：一是能培养他们独立思考的能力，二是能关注他们的长远发展。思想政治理论课给予学生的不应是概念、原则和结论，而应是一种理论思维，是观察社会的基本立场、观点和方法；老师不仅仅要告诉他们应该怎么做，还能让他们理解为什么，培养分析问题和解决问题的能力，从"授之以鱼"到"授之以渔"。因此，必须牢固树立以人为本的教学理念，在教学过程中体现出问题意识、双主体意识、开放意识、探讨意识和能力培养意识，改变过去那种由教师单一课堂讲授灌输式的教学模式。复旦大学年轻的思想政治课老师陈果之所以能把"思想道德修养与法律基础课"上得有声有色，是因为她能讲出很多深层次的东西，她会讲人生、讲爱情、讲朋友、讲孤独，迎合了大学生的心理需求，就像一碗"心灵鸡汤"，让人内心温暖而丰富。她自己也说："与其说我在帮学生梳理问题，不如说我是在帮自己梳理问题的同时拿我的问题去对应学生的问题，然后进行一下分享。"② 如果每一位思想政治理论课老师都能把自己的课上得像陈果老师那样，使课堂教学成为一种思想陶冶，一种精神享受，使学生每次听完课后都会觉得受益匪浅。那么，大学生的思想政治素质一定会在不断满足的精神需求中得到提升。

---

① 倪光辉：《站上讲台，就是生命在歌唱——记上海市杨浦高级中学名誉校长、语文特级教师于漪》，《人民日报》2010 年 9 月 10 日。

② 《"复旦于丹"走红网络，乏味"思修"课变身"心灵鸡汤"》，中国广播网，2010 年 7 月 8 日。

（六）思想政治理论课教师要坚守平凡、淡泊名利、甘于奉献

在发展社会主义市场经济的今天，有的教师会迷失在对物质利益的盲目追求之中而忘记了身上所肩负的育人使命。其实，坚守平凡、保持平常心态，不计较利益得失，本身就是教师理想信念、生活态度、工作责任的一种体现，也是对教师自身品质修养、情操风范、思想境界的内在要求。高校教师，尤其是我们这些担任高校思想政治理论教育工作的教师，更要甘于平凡，拥有一颗平常心，淡泊名利，为大学生做好思想和精神的领路人。但平凡并不是平庸，在平凡中更应该时刻铭记自己的责任，在平凡和普通中实现自己的价值追求。贾凤姿教授从教近30年，她淡泊名利，潜心钻研，不断创新教学方法，使思想政治理论课成为全校大学生最喜爱的课程之一，更好地实现了她的人生价值。复旦的陈果老师在网上爆红之后，她本人却表示并不愿意成为被关注的对象。她说："爱一个人并不是帮她出名，而是要帮她过自己想要的生活。"① 她想要的就是自由自在、平凡地在她热爱的三尺讲堂上工作下去，这就是一种为人师表的人生境界。作为高校思想政治理论教育工作者，有了这样的人生价值追求和思想境界，无疑会为当代大学生树立起一尊道德标杆，能起到潜移默化的作用。

总之，对大学生进行思想政治教育，思想政治理论课教师要以自身高尚道德品质影响他人，将爱国心、事业心、责任心以及无私奉献的精神和认真刻苦的品格，融入大学课堂、融入大学生活，以高尚师德、人格魅力、学识风范教育大学生、感染大学生，做学生健康成长的指导者和引路人，使高校思想政治理论课成为大学生真心喜爱、终身受益的课程，不断提升大学生思想政治素质。

## 四、时事新闻资料在高校思想政治理论课教学中的运用

（一）时事新闻资料对提高思想政治理论课课堂教学效果的重要性

高校思想政治理论课是对大学生进行系统的马克思主义理论教育和思想政治教育的主渠道和主阵地，是在校大学生的必修课程。如前所述，现

① 《复旦大学美女教师陈果，为什么能迅速走红？》，世纪网，2010年7月5日。

实中的高校思想政治理论课教学效果普遍不大理想，成为高校易受大学生冷落的课程之一。调查发现，高校思想政治理论课教学内容的贫乏和教学方法的单一是导致教学效果普遍不大理想的一个重要原因。因此，要改变这一现状，就需要从事高校思想政治理论课教学的老师在丰富课堂教学内容和改进课堂教学方法上下工夫，不断提高思想政治理论课的教学效果。

其实，丰富课堂教学内容、改进课堂教学方法一直是对思想政治理论课教学的基本要求，在2005年中共中央宣传部、教育部印发的《关于进一步加强和改进高等学校思想政治理论课的意见》中就明确指出，“在思政课教学中要多用通俗易懂的语言、生动鲜活的事例、新颖活泼的形式，活跃教学气氛，启发学生思考，增强教学效果；提倡教师们认真探索专题讲授、案例教学等多种教学方法”。在反思近年来高校因思想政治教育缺失而引发的一系列校园伤害事件时，教育专家认为，高校在对学生进行智力教育的同时，更重要的是如何对他们进行有效的思想教育；而最根本的，就是在思想道德教育和政治课里，要丰富内容，要更加接近学生实际和他们的心理诉求。①

时事新闻资料以其即时性、现实性、生动性可以作为思想政治理论课广泛而重要的教学资源，恰当而灵活地运用时事新闻资料不仅可以大大丰富课堂教学内容，而且是提高思想政治理论课教学效果的重要途径。作为多年从事“毛泽东思想和中国特色社会主义理论体系概论”（以下简称“概论”）课教学的思想政治理论课教师，笔者以“概论”课为例来说明时事新闻资料运用于课堂教学对于提高思想政治理论课教学效果的重要性。

1. 时事新闻资料运用于课堂教学有助于实现从教材体系向教学体系转化

“概论”课作为高校思想政治理论课的核心课程，主要讲授马克思主义中国化历史进程及其两次飞跃的理论成果。目前“概论”课使用的是全国统编教材。尽管“概论”课教材的编写和修订非常注重吸收理论与实践发展的最新成果，体现了马克思主义与时俱进的理论品格，但教材本身毕竟是一个静态的文本，在既定的教学大纲框架下其内容必然高度浓缩，既

---

① 王旭明：《“复旦投毒案”应该引起反思》，人民网，2014年2月18日。

严谨又抽象，如果用预设的教材内容僵硬地进行照本宣科式的教学，将书本知识和思想教育内容原封不动地传授给学生，必然会使学生失去对该课程学习的兴趣，也不可能有良好的课堂教学效果。这就要求在教学过程中，教师应以教材为蓝本，在遵循教学大纲和教材基本结构的基础上不断优化教学内容，把教材体系转化为教学体系。时事新闻资料有助于将教材中的高度浓缩的理论知识由“虚”变“实”，将学习内容由“死”变“活”。教师通过有选择地运用时事新闻资料，以及通过引导学生对时事新闻事件的分析、讨论，使教材中高度概括性的理论知识变得明确、具体，变得可以感知，变得容易理解和接受，这是教材体系转化为教学体系的重要环节和主要形式。

2. 时事新闻资料能较好地弥补教材内容滞后的不足

从“概论”课本身来讲，其教学内容具有很强的生成性和开放性，而思想政治理论课教材修订和出版一般至少一年才有一次，具有一定的滞后性。这就需要思想政治理论课教师根据形势的变化和实践发展对教学内容及时地进行补充和调整，以弥补因教材使用周期长可能造成的教材内容滞后的不足。思想政治理论课教师只有紧跟时代步伐，始终站在时代发展的前沿，使课堂教学内容能充分反映时代发展的要求，才能使学生能充分感受到“概论”课鲜活的时代感和现实感。而课堂教学所采用的时事新闻资料大都来源于当下发生的国内外重大新闻事件和人们普遍关注的焦点问题或热点问题，具有即时性、真实性和具体性。课堂教学时如能恰当而灵活地运用时事新闻资料就可以较好地弥补教材内容滞后的不足，使需要进入课堂教学的内容及时得到补充和修正，进而提升课堂教学效果。

3. 恰当而灵活地运用时事新闻资料能增强课堂教学的针对性、实效性和说服力、感染力

要提高课堂教学效果，还需要教师在进行课堂讲授时言之有物，言之有理，言之有据。时事新闻资料包括政治、经济、军事、文化等方方面面，既可以大到涉及全球的金融危机，也可以小到国内某地区的某一新闻事件或某一新闻人物。选取能为教学服务的时事新闻资料，使教学内容所涉及的知识点与时事新闻资料很好对接起来，使“概论”课的内容更加贴近现实，自然容易引起学生的兴趣，引发学生的思考，让其不由自主地参

与到教学中来，更好地领悟和把握教材内容，从而增强课堂教学的针对性、实效性和说服力、感染力。

4. 对相关时事新闻资料的分析讨论是过滤负面信息的有效手段，能帮助大学生解疑释惑，增强他们判断是非的能力

当今大学生处在信息技术飞速发展的新时代，是中国运用互联网和新兴媒体最多的群体，他们随时可以通过各种媒体和网络获知国内外新闻信息和各种思想观点，这有利于他们开阔眼界和拓展视野。然而，由于大学生心智还不成熟，认识能力不强，对于接触到的各种新闻信息还只停留在对新闻事件浅层的、表象的认识和把握上，有时还会受到许多错误信息的诱惑或误导。有学者认为，在大众传媒所营造的拟态环境下，由于拟态环境的混沌、散漫所导致的大学生思想意识上的混乱、是非判断上的模糊和价值追求上的困惑已成为高校思想政治教育不容忽视问题。如何实现拟态环境与思想政治教育的良性互动，防止思想政治教育空间被那些反主流价值的社会思潮挤占，有效引导大学生形成积极向上的主流价值观就成为思想政治教育必须直面的课题。[①] 把相关时事新闻资料运用于思想政治理论课并对其进行分析讨论就是针对拟态环境对大学生思想带来的负面效应而采取的一种有效应对措施，可以把那些有害的负面信息过滤掉，并运用马克思主义的立场、观点、方法来观察、分析我国的现实国情和世界形势，帮助其释疑解惑，把握大局和主流，从而达到对大学生进行思想政治教育的目的。

（二）时事新闻资料运用于高校思想政治理论课教学之中的途径和方法

1. 找准思想政治理论课教学要点与时事新闻资料的联系点、契合点，以提高运用时事新闻资料的针对性

“概论”这门课内容十分广泛，政治经济文化社会生态、内政外交国防党建、改革发展稳定，包罗万象，尤其是与建设中国特色社会主义相关的重大理论和现实问题，如发展道路、发展阶段、发展战略、根本任务、发展动力、依靠力量、国际战略、领导力量和根本目的等都有专章讲解和论述，而这些重大理论和现实问题又必然对应着当下诸多社会热点问题，

① 张北坪：《拟态环境中思想政治教育的困境与应对分析》，《教学与研究》2013 年第 8 期。

比如贫富差距、分配制度改革、“三农”问题、民生问题、社会建设、区域协调发展、环境保护、体制改革、祖国统一、外交政策等。这说明“概论”课与我国经济社会发展的现实结合得非常紧密。可以说，“概论”课每一章节都有与时事新闻资料相联系的知识点，如果在把握好“概论”课教材体系和大纲要求的基础上找准“概论”课教学要点与时事新闻资料的联系点、契合点，就能够提高运用时事新闻资料的针对性，加深学生对教材内容的理解和把握。以笔者的教学实践为例。笔者注意到，“概论”课第七章关于“改革开放是决定当代中国命运的关键抉择”这一内容与中央电视台《新闻联播》节目在2013年底连续推出的专题系列报道“辉煌35年”有高度的契合之处，于是在课堂教学中就有针对性地把“辉煌35年”专题系列报道中如何体现中国奇迹的生动画面展示给学生，不仅使学生更清晰地从中国速度、规模、人均收入三个层面了解了中国经济发展大跨越、综合国力和国际影响力由弱到强的历史性巨变，而且使学生从对外贸易、产业基础、经济结构等方面更好地理解和把握改革开放35年间中国所发生的深刻变化，从而加深对“改革开放是决定当代中国命运的关键抉择”这一判断的认识，进一步坚定了改革的信心，提高了全面深化改革的自觉性。再比如，在讲到第八章关于“推动经济持续健康发展”时，笔者认为河南省提出的关于通过“三化协调”“四化同步”建设中原经济区战略与这一内容有高度的契合之处，便在课堂教学中有意识地把河南省如何实现“三化协调”“四化同步”的相关时事新闻及时地向学生介绍说明，使学生不仅认识到“转方式”“调结构”对推动我国经济的重要性和必要性，而且使学生可以从具体的省情出发把握加快推进河南经济社会发展的条件和步骤，从而加深了学生对这一教学内容的理解和认识。

2. 把课堂教学内容与最新发生的新闻事件联系起来，提高运用时事新闻资料的时效性

一般来讲，时事新闻事件最大的特点是即时性，与现实联系得最为紧密。应该说，国内外几乎每天都有重要的新闻事件发生，而这些新闻事件又很容易引起大学生的关注，如果课堂教学能把与之相关的最新发生的新闻事件联系起来，就可以提高运用时事新闻资料的时效性，从而加深对课堂教学内容的理解和把握。比如，笔者在讲到第八章第二节“建设中国特

色社会主义政治”时，当时最新发生的新闻事件是新疆出现严重暴恐事件和随后召开的第二次中央新疆工作会议。通过对这两则最新发生的新闻事件的介绍和分析，可以使学生对民族区域自治制度这一具有中国特色社会主义的基本政治制度有比较透彻的理解和把握，能够使学生对这一制度在巩固民族团结、促进各民族共同繁荣进步、确保国家安全等方面的重要性有更加深切的认识，对民族分裂势力和恐怖主义的危害也有更进一步认识。再比如，在讲到第八章第三节“建设中国特色社会主义文化”时，当时最新发生的新闻事件是“山东招远邪教伤害案”和“习近平总书记五四北大演讲”，把这两则新闻事件结合起来运用于课堂教学，不仅可以使大学生对作为社会主义核心价值体系基础的社会主义荣辱观在形成褒荣贬辱的新风尚中的重要性和紧迫性有了新的认识，也为他们树立以“八荣八耻”为主要内容的社会主义荣辱观，培育和践行社会主义核心价值观提供了重要遵循。又比如，在讲到第十章“中国特色社会主义外交和国际战略”时，当时最新发生的新闻事件有“习近平主席欧洲之旅”“美国总统奥巴马西点军校讲话”“香格里拉对话会议”等，把这几则新闻事件结合起来运用于本章的课堂教学，不仅可以使学生对当今世界政治格局多极化的曲折发展有了清醒认识，也对中国适应和平与发展的时代主题选择走和平发展之路、实施互利共赢的开放战略有了进一步了解，对我国坚持独立自主和平外交政策，坚决捍卫我国主权、安全和发展利益的坚强决心和意志有了深切体会。

当然，新闻事件随时都在发生，“概论”课的课堂教学以其极强的现实性随时都可以与最新发生的新闻事件联系起来。讲社会主义改革开放随时都有关于改革新举措和对外新交往的报道，讲中国特色社会主义经济随时都有关于我国经济发展形势的诸多报道，讲生态文明建设随时都有关于环境状况的播报和如何治理污染的报道，讲我国外交和国际战略随时都有关于国际热点问题的报道和评论，讲党的建设随时都有关于群众教育实践活动的报道和贪腐案件的曝光。“概论”课的课堂教学只要随时与最新发生的新闻事件联系起来，必然能引起学生对本课程的学习兴趣，改变思想政治理论课课堂过去那种沉闷僵硬的氛围，使课堂教学内容更丰富，气氛更活跃，使学生对课堂教学感兴趣，愿意听，听得懂，有所得。

3. 对相关新闻事件不断追踪关注，提高时事新闻资料对增强课堂教学效果的持久性

任何新闻事件都不是孤立或偶然发生的，其背后都有复杂的背景和前提条件，所以，应把新闻事件看做一个过程，把其发生发展的来龙去脉弄清楚，并对相关新闻事件不断追踪关注，在动态中把握新闻事件的发展过程及其发展趋势，展现相关新闻事件发展的整体性，这样做有助于提高时事新闻资料在增强课堂教学效果方面的持久性。

比如，在讲到第七章“正确处理改革、发展、稳定的关系”时，笔者把发生在2008年6月的贵州瓮安事件作为课堂要运用的时事新闻资料。瓮安事件看似是由一位溺亡的女中学生偶然引发的围攻政府部门的打砸烧事件，然而仔细分析之后不难发现其背后有着复杂的背景，主要是当地政府在经济发展过程中没能很好地解决民生问题，尤其是没能及时有效地解决诸如矿权转让、移民安置、房屋拆迁等棘手问题，致使许多社会矛盾长期积累又相互交织，最终发生了震惊全国的群体性事件。通过对贵州瓮安事件的分析和讲解，使学生真切地感受到处理好改革、发展、稳定关系的重要性。当然，笔者把瓮安事件作为课堂运用的时事新闻资料并没有到此为止，而是继续对瓮安事件进行追踪关注，把瓮安事件后当地政府在如何着力化解民怨、如何确保社会和谐稳定、如何发展经济改善民生等方面的举措和努力向学生进行了讲解，告诉学生现在的瓮安已经不再是干群关系紧张、社会矛盾突出、经济落后的旧瓮安，而是经济发展、民生改善、社会和谐、群众安全感增强的新瓮安。通过介绍瓮安今昔变化使学生更加深刻地体会到改革、发展、稳定在动态中保持相互协调和相互促进的重要性以及把不断改善人民生活作为处理改革、发展、稳定关系重要结合点的必要性。

“概论”课的教学把新闻事件引入课堂并对相关新闻事件不断追踪关注，能使学生在对新闻事件的持续关注中不断加深对课堂教学内容的印象和理解。比如，在讲到第八章中关于“建设社会主义法治国家”时，笔者不仅把引起全国普遍关注的案件如“吴英案”“赵作海案”作为教学素材来说明依法治国的重要意义，同时还要求同学们高度关注即将在2014年10月召开的中共十八届四中全会如何就全面推进依法治国作出重要决议，

使学生在对我国有关法治国家建设的新闻事件的持续关注中加深对依法治国这个党领导人民治国理政基本方略要义的认识和理解。在讲到第七章“毫不动摇地坚持对外开放”时，除了把上海自由贸易区的设立和实际运作情况作为时事新闻资料向学生介绍之外，还要求同学们关注即将在上海召开的亚太经合组织领导人非正式会议。通过对这种新闻事件的持续关注，使学生对我国新时期对外开放战略和开放举措有更加准确的体会和把握。

4. 运用多种展示方法和手段来提高对时事新闻资料运用的灵活性，不断增强学生对课堂教学内容的认识、感受和理解

互联网技术和现代传媒技术在教学过程中的广泛运用，为思想政治理论课教学更好地运用时事新闻资料提供了便利和可能。一般来说，通过图片、动画和音视频把相关新闻事件展示出来，能使学生对新闻事件有一个全景式感受和把握，这种体现时代特色、符合青少年身心特点的方法对于提高课堂教学效果能起到较好的作用。但是，对相关新闻事件的展示既不能占用太多的课堂时间，也不能将其展示变成单纯的技术操作演示。教师应根据教材内容的特点以及教学的重点、难点、疑点和热点等不同要求选择与之相应的新闻资料，适时、适当地使用时事新闻资料，有时可能是一句话的提醒，或是一副新闻图片的展示也能体现时事新闻资料在课堂教学中的灵活运用。在运用相关时事新闻资料时，既要交代清楚相关时事新闻资料与所讲授内容之间的内在联系，把握切入正题的时机和方式，还要展开对相关时事新闻资料的分析讨论，增加课堂教学的互动环节，使思想政治理论课教学真正成为师生双主体和谐互动互促的过程。可以说，面对善于接受新知识、乐于接受新技术的新一代大学生，思想政治理论课教师如果能熟练掌握现代教育技术，不断更新教育理念，及时把时事新闻资料运用于课堂教学，必然能增强感染力，提高教学效果。

（三）高校思想政治理论课教师如何更好地驾驭和运用时事新闻资料

把时事新闻资料应用于思想政治理论课教学之中以提高课堂教学效果，关键在于教师。作为对大学生进行思想政治教育的组织者和引领者，高校思想政治理论课教师必须具有较高的素养。一般来说，高校思想政治理论课教师首先应该是政治立场坚定、理论功底扎实、善于联系实际的教

学骨干，应该是有理想信念、有道德情操、有扎实知识、有仁爱之心的好老师，应该是立德树人的典范。有学者认为，思想政治理论课教学是一种将理论魅力和教师人格魅力及课程美誉度紧密结合的过程。其中，教师魅力主要由人格魅力、学识素养、社会声望、表达能力、教学艺术等因素组成。[①] 为了在思想政治理论课教学中更好地驾驭和运用时事新闻资料以达到提高思想政治理论课教学效果的目的，必然要对高校思想政治理论课教师提出更高要求。

1. 教师要对高校思想政治理论课教材体系和大纲要求有全面而准确的把握

把握课程教材体系和大纲首先要吃透教材。吃透教材不仅要注重微观，更要把握宏观。就微观而言，思想政治理论课教师不仅要对课程所涉及的基本原理、理论观点了然于胸，还要了解原理、理论的来龙去脉，也就是"知其然，更要知其所以然"。就宏观而言，思想政治理论课教师要明确教学目的和课程内部各章节之间的逻辑关系。就"概论"课而言，教师不仅要把握马克思主义中国化的历史进程以及马克思主义中国化两大理论成果的内在联系，更要重点把握本课程中关于中国特色社会主义的本质理论、初级阶段理论、改革开放理论、市场经济理论、"一国两制"理论、外交和国际战略理论、党的建设理论等基本理论的要义和精髓，以及建设中国特色社会主义总布局的要点和实质。只有从宏观和微观两个方面吃透教材才能找到时事新闻资料联系教材和教学大纲的依据，才能帮助学生系统掌握中国特色社会主义理论体系基本原理，坚定大学生在党的领导下走中国特色社会主义道路的理想信念。

把握课程教材体系和大纲还要超越教材。由于"概论"课是一门政治性、时效性都很强的课程，只有在教学内容上超越教材，将中央文件的最新精神、国际国内的最新动态和社会热点、难点问题融入到教学中去，对教材内容进行必要的补充，才能体现出这门课程紧跟时政的动态特征，使教学更加贴近实际，贴近形势，更具吸引力。比如，2014 年出版的新教材中，还没有来得及将"2014 年全国两会热点"纳入教材，更不可能把党的

---

① 邱柏生：《试论思想政治理论课的综合教学实践》,《学校党建与思想教育》2010 年第 1 期。

十八届四中全会精神纳入教材，这就需要“概论”课教师将关系国家长远发展的重大新闻事件和一系列重要会议精神告诉学生。只有这样才能做到课堂教学内容既依据教材又超越教材，达到提高思想政治理论课教学实效性的目的。①

2. 思想政治理论课教师要加强学习，不断提高驾驭和运用时事新闻资料的能力

加强学习是思想政治理论课教师提升业务素质的根本途径。鉴于“概论”课是一门涉及面极广且与现实联系极强的思想政治理论课，要想把这门课上好，在课堂教学中运用更多的时事新闻资料，需要“概论”课教师加强学习。在不断学习中，思想政治理论课教师要及时了解当今世界发展潮流和我国经济社会发展趋势，对国家的大政方针政策进行比较深入的理解和把握，对党和国家最新的会议精神及时掌握，对重大理论创新深入领会，对重大新闻事件做到及时了解跟踪，不断提升自己观察分析时事热点问题的能力。只有通过不断学习，思想政治理论课教师才能进一步拓展自己的知识空间，才能挖掘出思想政治理论课中可资利用的更多时事新闻资料，在课堂教学时才能真正做到熟练驾驭和灵活运用所掌握的时事新闻资料，把这门课讲活讲透，不断提升课堂教学效果。

3. 思想政治理论课教师要了解当代大学生的群体特征和思想动态，采用适合他们认知特点的教学方法，通过恰当而灵活地运用时事新闻资料帮助他们提升思想理论素养和观察分析问题的能力

现在正在接受大学教育的大学生大都出生于20世纪90年代以后，有的已经是纯粹的“95后”，这代人是随着信息技术快速发展而成长起来的年轻人，他们从小就通过互联网接触了大量外界信息，思想活跃，对新鲜事物极为敏感，但他们比较强调个人体验，思想的跳跃性很明显。对这一代大学生进行思想政治理论教育如果不丰富教学内容和手段，还是按照过去那种一块黑板、一支粉笔、一本教案讲到底式的死板教学模式，不增加与课堂教学有关的新的鲜活的时代内容和学生感兴趣的话题，必然会使课

---

① 何伟：《提高思想政治理论课教学实效性的关键因素》，《学校党建与思想教育》，2014年第5期。

堂变得单调、枯燥、乏味，引不起学生任何学习兴趣，更难收到相应的教育效果。因此，思想政治理论课教师必须对教育教学对象要有准确定位，充分了解当代大学生的群体特征和思想动态，采取适合他们认知特点的教学方法，以更加直观、形象、生动的形式把时事新闻资料引入课堂教学，用生动鲜活的时代内容和学生感兴趣的话题来吸引学生、说服学生，努力改变思想政治课照本宣科的教条化形式。

对于新一代大学生而言，不仅每个学生个体之间存在着差异，而且不同专业、不同学科的学生在知识结构、思想状况等方面也表现出差异性。这就决定了思想政治理论课教师在利用时事新闻资料来提高课堂教学效果时就必须根据学生的不同专业特点和要求，既要体现共性，又要反映个性，而不是千篇一律，全校雷同。也就是说，把时事新闻资料引入思想政治理论课堂教学还要充分尊重文理差异、专业差异，采取符合学科或专业特点的时事新闻资料。以笔者的教学实践为例，在讲到第八章关于建设创新型国家时，在土木工程专业的课堂上，笔者把获得2012年普里兹克建筑学奖的王澍事迹的新闻材料介绍给学生。王澍之所以能获得有“建筑界的诺贝尔奖”之称普里兹克建筑学奖，就是因为他在中国建筑业不断追求创新，勇于超越前人，取得了卓越成就。在给机械制造及其自动化专业学生上课时，笔者把河南盾构技术的创新情况以及习近平总书记考察河南时亲自进入大型盾构机内部查看的新闻资料介绍给学生。同样是讲创新，笔者采用了适合专业特点的新闻资料，使不同专业的学生对本专业如何实现技术创新有了更加深切的体会，也更坚定了他们今后的人生目标和专业追求。

总之，把时事新闻资料引入思想政治理论课堂教学，只有尊重个性差异，以富有时代感和有针对性的教学内容、灵活多样的教学方法，充分调动学生的各种感官，激发他们积极思考，把课堂教学由学生被动接受变为学生积极主动并乐于接受，才能不断提升大学生思想理论素养和观察分析问题的能力，达到提高思想政治理论课教育教学效果的目的。

4. 思想政治理论课教师要对时事新闻资料进行不断地收集、加工、整理、补充和完善，以便在以后的课堂教学中更好地运用这些时事新闻资料

在信息技术高度发达的今天，思想政治理论课教师每天都能够接触到

来自互联网和各种媒体发布的海量信息，面对这些纷繁复杂、千头万绪的新闻事件，如果不对这些新闻信息进行适当选择和加工整理就直接拿来在课堂上使用，有时反而会冲淡教学重点，偏离教学主题，使学生抓不住要领，浪费了宝贵的课堂时间，从而不利于教学活动的进行。具体来说，对时事新闻资料进行收集、加工、整理、补充和完善，就要找到新闻资料与所要讲授的教材知识点之间的联系点和契合，去掉时事新闻资料中那些无关紧要的、无足轻重的部分，使之突出重点，详略得当，形成思想政治理论课教学所需要的时事新闻资料。

当然，及时而有效地对时事新闻资料进行收集、加工、整理、补充和完善，必然对教师的知识结构、教学能力、实践经验、工作态度和责任心等诸多方面提出更高的要求。首先，教师必须具备广博的知识，不仅要具有丰富的社会科学知识，还要具有一定的自然科学知识，甚至还需要相关专业知识，要有能够将理论与实践相结合的能力，只有这样教师才能为课堂教学选择合适的有说服力的时事新闻资料。其次，教师必须具备积极的工作态度。教师要不断更新时事新闻资料，注重时事新闻资料库的建设，只有这样课堂教学内容才能体现连续性、时代性，才能保证对学生的吸引力。最后，教师必须具备高度的责任心。教师需要努力甄别和筛选时事新闻资料，确保时事新闻资料的思想性、方向性和适用性。没有对国家、对社会、对学生的高度责任心，是很难做到的。

# 参考文献

1.《马克思恩格斯选集》第1卷，人民出版社1972年版。
2.《马克思恩格斯选集》第4卷，人民出版社1995年版。
3.《马克思恩格斯全集》第42卷，人民出版社1979年版。
4.《马克思恩格斯文集》第10卷，人民出版社2009年版。
5.《列宁选集》第2卷，人民出版社1995年版。
6.《毛泽东选集》第4卷，人民出版社1991年版。
7.《毛泽东文集》第8卷，人民出版社1999年版。
8.《毛泽东著作选读》(下)，人民出版社1986年版。
9.《邓小平文选》第3卷，人民出版社1993年版。
10.《江泽民文选》(上、中、下)，人民出版社2006年版。
11. 胡锦涛:《在全党深入学习实践科学发展观活动动员大会暨省部级主要领导干部专题研讨班上的讲话》，人民出版社2009年版。
12. 胡锦涛:《坚定不移沿着中国特色社会主义道路前进,为全面建成小康社会而奋斗——在中国共产党第十八次全国代表大会上的报告》，人民出版社2012年版。
13.《习近平谈治国理政》，外文出版社2014年版。
14.《十六大以来重要文献选编》(上、中、下)，中央文献出版社2005、

2006、2008 年版。
15.《十七大以来重要文献选编》(上、中、下)，中央文献出版社 2009、2011、2013 年版。
16.《中共中央关于构建社会主义和谐社会若干重大问题的决议》，人民出版社 2006 年版。
17.《中国共产党第十七次全国代表大会文件汇编》，人民出版社 2007 年版。
18.《深入领会习近平总书记重要讲话精神(上)》，人民出版社 2014 年版。
19.《中共中央关于制定国民经济和社会发展第十三个五年规划的建议》，人民出版社 2015 年版。
20. 张国祚:《中国文化软实力研究要论选》(第 2 卷)，社会科学文献出版社 2013 年版。
21. 朱孔来:《软实力研究论丛》(第 2 卷)，济南出版社 2013 年版。
22. 朱孔来:《软实力研究论丛》(第 3 卷)，济南出版社 2014 年版。
23. 黄硕风:《综合国力论》，中国社会科学出版社 1992 年版。
24. 王佐书:《构建社会主义和谐社会的软实力》，人民出版社 2007 年版。
25. 孟亮:《大国策:通向大国之路的软实力》，人民日报出版社 2008 年版。
26. 唐晋:《大国策:通向大国之路的中国软实力》，人民日报出版社 2009 年版。
27. 骆郁廷:《文化软实力》，中国社会科学出版社 2011 年版。
28. 汪安佑:《国家软实力论》，中国社会科学出版社 2010 年版。
29. 胡应南:《和谐之旅:中国软实力建设的共识与任务》，社会科学文献出版社 2011 年版。
30. 俞新天:《掌握国际关系密钥:文化、软实力与中国对外战略》，上海人民出版社 2010 年版。
31. 李希光:《软实力与中国梦》，法律出版社 2011 年版。
32. 李希光:《软力量与全球传播》，清华大学出版社 2005 年版。
33. 郭树勇:《中国软实力战略》，时事出版社 2012 年版。
34. 门洪华:《中国:软实力方略》，浙江人民出版社 2007 年版。
35. 门洪华:《构建中国大战略的框架:国家实力、战略观念与国际制度》，北京大学出版社 2005 年版。

36. 韩勃、江庆勇：《软实力：中国视角》，人民出版社 2009 年版。

37. 陈正良：《中国软实力发展战略研究》，人民出版社 2008 年版。

38. 肖欢：《国家软实力研究》，军事译文出版社 2010 年版。

39. 童世骏：《文化软实力》，重庆出版社 2008 年版。

40. 刘晓玲：《文化软实力提升浅论》，湖南人民出版社 2009 年版。

41. 牛大勇：《中华文化软实力：2011 年嵩山论坛文集》，红旗出版社 2011 年版。

42. 陈奕平：《和谐与共赢：海外侨胞与中国软实力》，暨南大学出版社 2012 年版。

43. 祁述裕：《文化体制改革与文化软实力》，国家行政学院出版社 2012 年版。

44. 孙占元：《中国特色社会主义理论体系研究》，山东人民出版社 2011 年版。

45. 艺衡：《文化主权与国家文化软实力》，社会科学文献出版社 2009 年版。

46. 花建：《文化软实力：全球化背景下的强国之道》，上海人民出版社 2013 年版。

47. 李发平、傅才武：《文化资源 文化产业文化软实力》，中国社会科学出版社 2011 年版。

48. 王思齐：《国家软实力的模式建构：从传播视角进行的战略思考》，浙江大学出版社 2013 年版。

49. 倪世雄等：《当代西方国际关系理论》，复旦大学出版社 2001 年版。

50. 罗荣渠：《现代化新论——世界与中国的现代化进程》，商务印书馆 2004 年版。

51. 郑永廷：《人的现代化理论与实践》，人民出版社 2006 年版。

52. 孔庆榕、张磊：《中华民族凝聚力学》，中国社会科学出版社 2008 年版。

53. 杨雪冬、陈雪莲：《政府创新与政治发展》，社会科学文献出版社 2011 年版。

54. 万俊人:《现代公共管理导论》,人民出版社 2008 年版。
55. 俞可平:《和谐社会与政府创新》,社会科学文献出版社 2008 年版。
56. 俞可平:《效率政府》,中央编译出版社 2013 年版。
57. 俞可平:《敬畏民意——中国的民主治理与政治改革》,中央编译出版社 2012 年版。
58. 俞可平:《全球化时代的"马克思主义"》,中央编译出版社 1998 年版。
59. 詹万生:《和谐德育论》,教育科学出版社 2008 年版。
60. 张耀灿等:《现代思想政治教育学》,人民出版社 2006 年版。
61. 邱伟光、张耀灿:《思想政治教育学原理》,高等教育出版社 1999 年版。
62. 孙士海主编:《印度的发展及其对外战略》,中国社会科学出版社 2000 年版。
63. [美]约瑟夫·奈著,郑志国等译:《美国霸权的困惑》,世界知识出版社 2002 年版。
64. [美]约瑟夫·奈著,张小明译:《理解国际冲突:理论与历史》,上海人民出版社 2002 年版。
65. [美]约瑟夫·奈著,吴晓辉、钱程译:《软力量:世界政坛成功之道》,东方出版社 2004 年版。
66. [美]约瑟夫·奈著,门洪华译:《硬权力与软权力》,北京大学出版社 2005 年版。
67. [美]约瑟夫·奈:《软实力:世界政治的制胜之道》,东方出版社 2005 年版。
68. [美]约瑟夫·奈著,马娟娟译:《软实力:权力,从硬实力到软实力》,中信出版社 2013 年版。
69. [美]雷伊·克莱因:《80 年代的世界国力趋势与美国对外政策》,台湾黎明文化事业股份有限公司 1982 年版。
70. [美]A. T. 马汉著,安常荣等译:《海上力量对历史的影响(1660—1793)》,解放军出版社 1998 年版。
71. [美]肯尼思·华尔兹:《国际政治理论》,上海人民出版社 2003 年版。
72. [美]威廉·A. 哈维兰著,王铭铭译:《当代人类学》,上海人民出版社 1987 年版。

73. [英]艾伦·劳顿:《公共服务伦理管理》, 清华大学出版社 2008 年版。

74. 习近平:《青年要自觉践行社会主义核心价值观》,《人民日报》2014 年 5 月 5 日。

75. 胡锦涛:《在庆祝中国共产党成立 90 周年大会上的讲话》,《人民日报》2011 年 7 月 2 日。

76. 黄金辉、丁忠毅:《中国国家软实力研究述评》,《社会科学》2010 年第 5 期。

77. 黄硕风:《综合国力分析》,《中国军事科学》1989 年第 3 期。

78. 班红娟:《科技软实力发挥作用的层次论析》,《云南社会科学》2012 年第 3 期。

79. 张国祚:《实施文化强国战略的思考》,《红旗文稿》2011 年第 11 期。

80. 贾磊磊:《中国文化软实力提升的策略与路径》,《东岳论丛》2012 年第 1 期。

81. 张文木:《生存·发展·海权》,《领导文萃》2006 年第 11 期。

82. 李安增:《政治现代化研究——兼论政治现代化与政治发展、政治文明的关系》,《理论学刊》2007 年第 9 期。

83. 俞思念、周波:《社会主义现代化:当代中国的伟大创造》,《江苏大学学报》(社会科学版)2011 年第 5 期。

84. 张峰林:《论全球化背景下的统战工作》,《中央社会主义学院学报》2009 年第 3 期。

85. 刘宁:《关于理想问题的三点思考》,《马克思主义研究》2000 年第 4 期。

86. 张雷声:《论马克思主义与意识形态》,《马克思主义理论学科研究》第 4 辑, 高等教育出版社 2009 年版。

87. 俞可平:《六个方向推进现代国家治理》,《21 世纪经济报道》2014 年 1 月 6 日。

88. 何增科:《国家治理现代化及其评估》,《学习时报》2014 年 1 月 13 日。

89.《六个"为什么"——对几个重大问题的回答之二:中华民族伟大复兴的必由之路》,《人民日报》2009 年 9 月 15 日。

90. 钟声：《政治体制事关安危存亡容不得浮躁盲动》，《人民日报》2012 年 11 月 11 日。

91.《胸怀大局把握大势着眼大事 努力把宣传思想工作做得更好》，《光明日报》2013 年 8 月 21 日。

92.《人民有信仰，国家才有力量——一论弘扬社会主义核心价值观》，《人民日报》2014 年 2 月 12 日。

93. 李慎明：《在中国社会科学院研究生院 2011 级新生开学典礼上的讲话》，《光明日报》2011 年 9 月 15 日。

94. 袁贵仁：《坚持立德树人，加强社会主义核心价值观教育》，《人民日报》2014 年 5 月 23 日。

95. 杨光斌：《害人害己的意识形态战争还能走多远？——关于"血洗巴黎"的另一种反思》，《人民论坛》2015 年 12 月 28 日。

# 索　引

# 后　记

当今世界，综合国力竞争日趋激烈，国家软实力的战略地位和作用日益凸显，并越来越成为提升国家综合实力的关键要素。《国家软实力问题研究》一书就是适应了这样的形势发展需要而推出的一项研究国家软实力的成果。

本书以国家软实力为研究对象，在对国家软实力构成要素进行深入挖掘和剖析的基础上，重点对中国国家软实力建设中所涉及的道路、理论、制度、文化、统一战线等方面进行了探讨，并在建设国家软实力的相关具体问题上，提出了有针对性的意见建议。

笔者为高校思想政治理论课教师，长期从事高校思想政治理论课教学工作，本书也对国家软实力所涉及的思想政治教育和国家意识形态建设方面进行了关注，对高校思想政治理论课教学中所涉及的国家发展的一些重大理论和现实问题以及学生关心的热点问题进行了深入分析和思考，提出了一系列有助于加强对大学生进行有效思想政治教育教学的意见建议。希望本书不仅成为高校思想政治教育教学的重要参考，而且能够对推动高校思想政治教育教学改革起到一定的促进作用。

由于本人能力所限，书中疏漏及不妥之处在所难免，真诚地希望有机会得到专家和读者的批评指正，我将在今后的教学研究中进一步充实和完善。

2016年4月8日于许昌学院